Evanthia Christodoulaki
Konstantinos Chandolias
Alexandra Hristara-Papadopoulou

Hydrotherapy-Halliwick e o sistema respiratório de crianças com Paralisia Cerebral

Evanthia Christodoulaki
Konstantinos Chandolias
Alexandra Hristara-Papadopoulou

Hydrotherapy-Halliwick e o sistema respiratório de crianças com Paralisia Cerebral

ScienciaScripts

Imprint

Any brand names and product names mentioned in this book are subject to trademark, brand or patent protection and are trademarks or registered trademarks of their respective holders. The use of brand names, product names, common names, trade names, product descriptions etc. even without a particular marking in this work is in no way to be construed to mean that such names may be regarded as unrestricted in respect of trademark and brand protection legislation and could thus be used by anyone.

Cover image: www.ingimage.com

This book is a translation from the original published under ISBN 978-613-9-85121-8.

Publisher:
Sciencia Scripts
is a trademark of
Dodo Books Indian Ocean Ltd. and OmniScriptum S.R.L Publishing group
Str. Armeneasca 28/1, office 1, Chisinau-2012, Republic of Moldova, Europe
Printed at: see last page
ISBN: 978-620-5-31291-9

ALEXANDER INSTITUTO DE EDUCAÇÃO TECNOLÓGICA DE SALÓNICA

DEPARTAMENTO DE FISIOTERAPIA

TESE DE DIPLOMA DE PÓS-GRADUAÇÃO

Título: A hidroterapia resulta no sistema respiratório para crianças que sofrem de Paralisia Cerebral.

Nome: Evanthia Christodoulaki

Thessaloniki

**Dedicado aos meus professores e
colegas que verdadeiramente
acreditaram e encorajaram este meu
esforço e às crianças e suas famílias
que confiaram em nós.**

2. Prólogo

Esta tese de diploma é uma "peça" de Fisioterapia e mais especificamente de Hidroterapia. Trata de um conjunto de dificuldades na paralisia cerebral que não é frequentemente mencionado na literatura da investigação científica.

Neste momento, gostaria de agradecer e expressar o meu apreço e respeito aos meus professores supervisores, Christara-Papadodoulou Alexandra, Chandolias Konstantinos e Iacovidis Paris, e Kotata Stavros pela cooperação e sobre os conhecimentos que me transmitiram durante este esforço.

Gostaria também de agradecer aos meus colegas e amigos hidroterapeutas Sra. Moshoulouri Chrysa, Sr. Aggelis Konstantinos, Sr. Paschos Konstantinos e Sra. Sultania Myrto que acreditaram neste projecto e ajudaram activamente na investigação. Agradeço-lhes muito porque, para além da sua valiosa ajuda, apresentaram-me uma nova forma de intervenção muito encantadora e útil para os nossos filhos.

Em particular, gostaria de agradecer aos meus colegas, Sra. Kalamvoki Efstratia, Sra. Otsika Chrysa, Sra. Athanasa Anastasia, Sra. Eleftheriades Christina e Sra. Panariti Myrto, pelo seu total apoio durante o período que estabeleci como segunda prioridade os meus deveres profissionais a dedicar com zelo à minha graduação.

Finalmente, gostaria de agradecer de coração, às crianças que participaram no inquérito e às suas famílias que confiaram em nós e sem elas esta tese de diploma não teria sido concluída.

Gostaria de vos agradecer a todos

3. Resumo

Introdução: A hidroterapia é uma técnica de intervenção fisioterapêutica para crianças com perturbações do desenvolvimento neurológico, tais como a Paralisia Cerebral.

Âmbito de aplicação: O objectivo desta investigação é estudar o efeito da hidroterapia no sistema respiratório de crianças que sofrem de paralisia cerebral. Foram realizados muitos estudos que relatam os efeitos da Hidroterapia no sistema músculo-esquelético de crianças com paralisia cerebral. No entanto, mais investigação é relatada sobre os efeitos desta doença no sistema respiratório de crianças com diferentes perturbações (fibrose cística, asma, miopatias, escoliose). Poucos estudos, contudo, relatam os efeitos da hidroterapia no sistema respiratório de crianças com paralisia cerebral.

Método: O inquérito envolveu 10 crianças de 5-15 anos com um diagnóstico de paralisia cerebral que participaram num programa de hidroterapia uma vez por semana durante 45 minutos, no prazo de dois meses. A função respiratória foi medida pelo espirómetro, medidor de fluxo e oxímetro. O formulário de avaliação SWIM da Associação Internacional Halliwick que avalia o progresso da criança no controlo da respiração da água também foi preenchido, bem como os formulários TESTE DE ORIENTAÇÃO DA ÁGUA ALYN 1 (WOTA1) e TESTE DE ORIENTAÇÃO DA ÁGUA ALYN2 (WOTA2) em grego. As medições e classificações foram feitas duas vezes durante o inquérito. Uma medição e avaliação foram feitas no início do programa (pré-teste) e um pós-teste foi feito após o fim do programa de tratamento.

Resultados: 8 em cada 10 crianças completaram o inquérito. Uma criança foi excluída devido a uma reacção alérgica e outra porque não completou o programa. A análise estatística foi realizada com o pacote estatístico SPSS 16. Os resultados mostraram alterações na função respiratória das crianças, não tendo sido observada qualquer diferença estatisticamente significativa nas partes dos questionários de avaliação utilizadas.

Conclusão: Os resultados da investigação mostraram que a hidroterapia tem efeitos positivos no sistema respiratório das crianças que sofrem de paralisia cerebral. É necessária uma investigação mais aprofundada para a sua eficácia durante um período de tempo mais longo.

Palavras-chave: Paralisia cerebral, doenças pulmonares, hidroterapia, natação terapêutica, Halliwick, teste de natação, WOTA1, WOTA2.

3.1 Abstrato

Objectivo: O objectivo desta investigação é estudar os efeitos da hidroterapia no sistema respiratório de crianças diagnosticadas com Paralisia Cerebral. Os resultados da hidroterapia no sistema músculo-esquelético de crianças com Paralisia Cerebral foram amplamente estudados e relatados em vários trabalhos de investigação, bem como os resultados da hidroterapia no sistema respiratório e na função pulmonar de crianças com fibrose cística, asma, escoliose, etc. No entanto, poucos são os estudos que relatam os efeitos da hidroterapia no sistema respiratório de crianças com Paralisia Cerebral.

Metodologia: Este estudo envolveu a participação de dez (10) crianças diagnosticadas com paralisia cerebral, com idades compreendidas entre os cinco (5) e os quinze (15) anos de idade. Crianças matriculadas no programa de hidroterapia uma vez por semana durante 45 minutos. A função do seu sistema respiratório foi medida por meio de espirómetro, fluxímetro e oxímetro. Além disso, o formulário de avaliação SWIM da Associação Internacional Halliwick foi preenchido pelo investigador. Este formulário avalia o controlo respiratório de cada indivíduo dentro da água. Além disso, mais dois formulários de avaliação foram preenchidos pelo investigador, o Teste de Orientação da Água Alyn 1 (WOTA1) e o Teste de Orientação da Água Alyn 2 (WOTA2). Tanto as medições como as avaliações foram repetidas duas vezes durante a investigação. Foi realizado um pré-teste no início do programa e um pós-teste no final do programa.

Resultados: Nove (9) crianças completaram o estudo com sucesso, enquanto apenas uma (1) criança foi excluída devido a uma reacção alérgica. Os resultados indicam alterações na função pulmonar, mas não foram observadas diferenças estatisticamente significativas após a avaliação exaustiva dos questionários.

Conclusão: A hidroterapia resultou em efeitos positivos sobre o sistema respiratório de crianças com Paralisia Cerebral. No entanto, é necessária mais investigação para testar a eficácia da hidroterapia após um período de tempo mais longo do que o actualmente estudado.

Palavras-chave: paralisia cerebral, hidroterapia, natação terapêutica, Halliwick, doenças pulmonares,

Teste de Orientação da Água Alyn 1 (WOTA1), Teste de Orientação da Água Alyn 2 (WOTA2), Teste de Natação

4. Contexto

1.Dedicações 2

2. Prólogo 3

3. Resumo.. 4

3.1 Abstrato.. 5

4. Contexto... 6

5. Abreviaturas... 7

6. Introdução 8

7. Parte Geral 9

  7.1 Paralisia cerebral... 9

    7.1.1 Definição de paralisia cerebral 9

    7.1.2 História da doença 10

    7.1.3 Frequência - Dados Epidemiológicos 11

    7.1.4 Etiologia da paralisia cerebral.. 12

    7.1.5 Classificação de Paralisia Cerebral.. 13

    7.1.6 Estado clínico de Paralisia Cerebral... 20

    7.1.7 A Paralisia Cerebral e as dificuldades que se lhe seguem 22

    7.1.8 Diagnóstico 26

    7.1.9 Prevenção 27

  7.2. Natação terapêutica e hidroterapia... 27

    7.2.1. Informação geral sobre hidroterapia... 27

    7.2.2. Hidroterapia e natação terapêutica... 28

    7.2.3. Técnicas de hidroterapia 31

    7.2.4. Benefícios da hidroterapia na Paralisia Cerebral 32

    7.2.5. A história de Halliwick.. 34

    7.2.6. Organização Halliwick... 35

    7.2.8. Estratégia da Halliwick 36

    7.2.9. Candidatura da Halliwick 37

    7.2.10. Princípios Mecânicos da Halliwick.. 39

    7.2.12. Ferramentas de tratamento 42

    7.2.13. Resultados da Halliwick 43

  7.3 Perturbações respiratórias na Paralisia Cerebral 44

  7.4.   Documentos de Investigação... 46

8.PARTE ESPECIAL 49

  8.1 Âmbito de aplicação 49

  8.2. Metodologia 50

    8.2.1 Participantes 50

    8.2.2 Concepção.. 50

    8.2.3 Ferramentas de medição 51

9.   Bibliografia 69

5. Abreviaturas

C.P..: Paralisia Cerebral

T.S: Natação Terapêutica

R.M.: Retardamento Mental

GERD..: Doença do refluxo gastroesofágico

WOTA1: Teste de orientação da água Alyn 1

WOTA2: Teste de orientação da água Alyn 2

FEV1: Volume Expiratório Forçado em 1 segundo

PEFR: Pico do Fluxo Expiratório

FVC: Capacidade Vital Forçada

6. Introdução

A paralisia cerebral é uma perturbação cerebral não progressiva de postura e movimento que ocorre enquanto o cérebro da criança está em desenvolvimento (Blair Eve, Stanley Fiona, 1997).

É uma das doenças congénitas ou neurológicas adquiridas mais comuns e tem um quadro clínico intercambiável devido ao desenvolvimento e evolução das crianças (Panteliadis P. Christos, Syrigou Papavassiliou Antigone, 2010). A paralisia cerebral é um grupo de perturbações do desenvolvimento neurológico que afectam muitas funções em crescimento (Rosenbaum L. Peter et al., 2005). Muitos factores, herdados ou grávidas, ou durante a gravidez e após o nascimento, são responsáveis pelo aparecimento da doença (Aggelopoulou-Sakantami, 2004, Koutsouki, 2008). A fisioterapia é uma parte importante da recuperação das crianças que sofrem de paralisia cerebral. Em particular, a hidroterapia pode ser utilizada para melhorar o nível de aptidão física. A hidroterapia pode aumentar a resistência cardiopulmonar, a força, a coordenação e melhorar a capacidade de natação (Jorgic Bojan et al., 2012).

O objectivo da investigação é estudar os efeitos da hidroterapia no sistema respiratório de crianças que sofrem de paralisia cerebral, num programa de intervenção de dois meses. Respiração, resistência cardiovascular e controlo da respiração são problemas muito importantes para uma criança com paralisia cerebral e vários estudos têm demonstrado que todos estes factores melhoram através desta intervenção.

7. Parte Geral

7.1 Paralisia cerebral

7.1.1 Definição de paralisia cerebral

A paralisia cerebral é definida como uma desordem não progressiva de movimento e movimento, e é devida a danos cerebrais imaturos. Embora a lesão cerebral não seja progressiva nem curável, as alterações no corpo são muitas e alteram o crescimento motor da criança, que se desenvolve normalmente ao longo dos anos (Blair Eve, Stanley Fiona, 1997).

Tem sido sempre um desafio definir o termo paralisia cerebral e as pessoas têm tentado definir o termo inúmeras vezes até agora. Mac Keith e Polani definem paralisia cerebral como uma desordem de movimento e postura persistente e ininterrupta que ocorre nos primeiros anos de vida e que se deve a uma desordem cerebral não progressiva como resultado de uma interferência no seu desenvolvimento (Rosenbaum, L., et al., 2005).

As tentativas de definir com precisão a paralisia cerebral são muitas. Bax desde 1964 tem utilizado um termo - principalmente para fins de investigação - que ainda está a ser utilizado. A paralisia cerebral é definida como uma desordem cinética mas também uma desordem de atitude devido a um défice ou algum dano no cérebro imaturo. Em 1990, Brioni da Jugoslávia criou um novo termo que descreve a paralisia cerebral como um guarda-chuva que cobre um grupo de perturbações não agressivas mas sempre mutáveis relacionadas com o movimento na sequência de anomalias ou danos cerebrais que ocorrem durante o desenvolvimento inicial (Bax Martin, Brown Keith, 2009).

A paralisia cerebral (PC) é uma das doenças congénitas ou neurológicas adquiridas mais comuns. Diz respeito a problemas de atitude e movimento, e a sua gravidade é proporcional à extensão dos danos no cérebro. O termo paralisia cerebral tem como principal característica a incapacidade cinética devida a danos no cérebro em desenvolvimento, mas tem um quadro clínico em mudança porque as crianças estão a crescer, a mudar e a evoluir. Vale a pena notar que esta definição não descreve nem a origem neurológica nem a gravidade do problema (Panteliadis P. Christos, Syrigou-Papavassiliou Antiçone, 2010).

Segundo a Organização Mundial de Saúde (OMS), as pessoas que sofrem de PC apresentam um atraso no desenvolvimento das funções de movimento. As crianças com Paralisia Cerebral têm muita dificuldade em iniciar movimentos e em controlar os seus músculos. Além disso, as suas extremidades podem estar apertadas ou soltas. Muitas das crianças que sofrem de PC são constantemente confrontadas com problemas noutros aspectos do seu desenvolvimento, tais como a aprendizagem, a socialização e a fala. Tudo isto as diferencia das crianças com retardamento mental (OMS, 2004).

7.1.2 História da doença

A paralisia cerebral é conhecida desde os tempos antigos. Hipócrates, desde o 4º-5º Cento. foi o primeiro a relatar a prematuridade, infecções congénitas, stress perinatal na patogénese dos danos cerebrais. No entanto, mesmo antes de Hipócrates, vemos imagens de pessoas suspeitas de sofrer de PC em monumentos egípcios e múmias. No século XIX, foram feitas referências à Inglaterra, França e Alemanha, que descrevem claramente a Paralisia Cerebral. Jean Baptiste Cazauviehl foi aquele que tentou separar os danos congénitos dos danos cerebrais adquiridos.

1821 é considerado um ano marcante para a obstetrícia através das observações de Jean Alexandre Lejumeau e Viconte de Kergaradec. Eles notaram o período pré-natal da criança e fizeram a seguinte pergunta: "Como podemos compreender a saúde do feto através das mudanças no ritmo e no tom dos pulsos dos embriões"? O cirurgião inglês William John Little trouxe uma nova era ao PC, pois foi capaz de correlacionar a hipotonia generalizada com a prematuridade, o parto, e a asfixia severa com convulsões epilépticas.

Após alguns anos, Sigmund Freud estudou extensivamente o PC e o seu estudo revelou os seguintes pontos interessantes:

- Organizou a classificação da paralisia cerebral em congénita, perinatal e pósnatal

- Referiu-se primeiro ao termo "duplicação do cérebro".

- Descrito em pormenor as desordens cinéticas na infância

(Pavlidou Efterpi, Panteliadis P. Christos, 2010)

O Doutor William Osler no seu livro "The Cerebral Palsies of Childhood" começou a utilizar amplamente o termo Paralisia Cerebral e começou a descrever crianças com paralisia de alguns danos cerebrais. Também caracterizou a paralisia que poderia ser causada por problemas ortopédicos, paralisia muscular ou paralisia espinal (Bax Martin, Brown Keith, 2009).

A paralisia cerebral é uma condição neuro-evolucionária que teve origem desde a primeira infância e continua durante toda a vida. Em 1961, Little referiu-se a isto como paralisia cerebral. No final do século XIX, Sigmund Freud e Sir William Osler contribuíram significativamente para as perspectivas desta doença. Em meados de 1940, os fundadores da Academia Americana de Paralisia Cerebral e Medicina do Desenvolvimento (Carlson, Crothers, Deaver, Fay, Perlstein e Phelps) nos EUA e Mac Keith, Polani, Bax e Ingram do Little Club na Grã-Bretanha estavam entre os líderes, que desenvolveram o conceito da doença e foram capazes de a descrever. Desta forma fizeram da paralisia cerebral o foco dos serviços terapêuticos de direitos e dos esforços de investigação (Rosenbaum L. Peter et al, 2005)

Em 1964, Bax citou e comentou uma definição de paralisia cerebral, que foi proposta num grupo de trabalho internacional. Bax relatou que a paralisia cerebral é um distúrbio do movimento e da postura devido a um cérebro defeituoso ou danificado, não desenvolvido. Para efeitos práticos, é comum excluir do termo paralisia cerebral estas perturbações de atitude, uma vez que são de curta duração e devido a uma doença progressiva ou atraso mental (Rosenbaum L. Peter et al, 2005).

7.1.3 Frequência - Dados Epidemiológicos

A frequência da PC é difícil de determinar, em primeiro lugar porque existe uma grande heterogeneidade de amostras em cada estudo e, em segundo lugar, há um problema com os critérios que definem a doença.

Normalmente, antes dos 4 anos de idade, há dificuldade no diagnóstico. Muito frequentemente, as formas leves escapam à atenção, mas também várias vezes as crianças são diagnosticadas com PC e, após o primeiro ano, parecem ser normais.

A prevalência da doença a nível internacional refere-se a 2,0-2,5 / 1000 crianças vivas.

É digno de nota o seguinte:

- A taxa da doença depende do peso de nascimento da criança. (Há uma elevada probabilidade de uma criança sofrer de Paralisia Cerebral devido ao baixo peso).

- Em países com um elevado nível social e económico, as taxas de doença foram inicialmente reduzidas, mas após alguns anos aumentaram de forma constante.

- Vários estudos relataram um aumento da taxa de natalidade com bebés de baixo peso. (Isto resultou num aumento da taxa de doenças).

Em conclusão, notamos que não houve uma redução substancial da população que sofre de paralisia cerebral. Pelo contrário, devido ao aumento da taxa de sobrevivência de bebés prematuros e de baixo peso, a forma espástica da Paralisia Cerebral aumentou (Pandeliadis P. Chrystos, 2010).

A heterogeneidade das perturbações abrangidas pelo termo paralisia cerebral, bem como os progressos na compreensão do desenvolvimento em bebés com lesão cerebral precoce, levaram Mutch e os seus associados a modificar a definição de paralisia cerebral da seguinte forma: "um termo genérico que cobre um grupo de perturbações não progressivas, mas que frequentemente interage com as síndromes motoras causadas por danos cerebrais ou perturbações que ocorrem nas primeiras fases de desenvolvimento".

Esta definição apontou a disfunção do movimento e reconheceu a sua variabilidade (Rosenbaum L. Peter et al, 2005).

Um Workshop Internacional sobre a Definição e Classificação da Paralisia Cerebral realizou-se em Bethesda, Maryland, de 11 a 13 de Julho de 2004; tornou-se conhecido que a paralisia cerebral requer quase sempre uma regulação interdisciplinar, as perturbações são geralmente cinéticas sem este tratamento limitativo a um único terapeuta. Foi salientado que a paralisia cerebral faz parte de um grupo de perturbações de desenvolvimento neurológico que incluem muitas funções em desenvolvimento. Tal como com outras perturbações do desenvolvimento neurológico, existem várias manifestações de perturbações das funções cerebrais, tais como movimento, epilepsia e atraso mental (Rosenbaum L. Peter et al, 2005).

7.1.4 Etiologia da paralisia cerebral.

A etiologia é complexa e varia. Os factores responsáveis pela doença são pré-natais, perinatais, pós-natais e até herdados. Infelizmente, é difícil identificar os factores responsáveis por este dano cerebral. No início, Little acreditava que a causa da doença se devia unicamente ao parto laborioso e a longo prazo e à prematuridade, mas isto tem sido questionado ao longo dos anos. Também vale a pena salientar que muitos bebés têm factores predisponentes para a paralisia cerebral, mas acabaram por não desenvolver qualquer tipo de dano. Em 2003, Gibson e os seus colegas relacionaram as causas do período pós-natal com infecções virais e trombofilia (Panteliadis P. Christos et al., 2010).

1. Hereditariedade: Ocorre mais frequentemente em famílias com uma história grave em doenças neurológicas, sem que isto, naturalmente, faça dela uma doença puramente hereditária. Está também relacionada com gravidezes múltiplas, muitas gravidezes e nascimentos prematuros.

2. Factores pré-natais: As infecções intra-uterinas, asfixia endometrial e hemorragia, bem como a má nutrição, tabagismo, álcool, anemia, gravidez prolongada e exposição da mulher grávida à radiação podem ser prejudiciais para a saúde do bebé.

3. Factores perinatais: isquemia, problemas respiratórios, baixo peso à nascença, prematuridade.

4. Factores pós-natais: Icterícia, infecções do SNC, AVC, acidentes, radiação, tumores, etc. (Aggelopoulou-Sakantami, 2004, Koutsouki 2008).

7.1.5 Classificação de Paralisia Cerebral

Sigmund Freud lançou as bases para a classificação da doença. Ao longo dos anos foram feitas muitas modificações devido à complexidade do PC e muitas vezes muitos elementos do quadro clínico existem apenas numa única criança (Panteliadis P. Christos, Syrigou-Papavassiliou Antigone, 2010).

Como paralisia cerebral, definimos um grupo de perturbações atitudinais e de desenvolvimento do movimento. Os distúrbios motores no PC podem ser acompanhados por distúrbios de sensor, percepção e comunicação. Esta definição proposta de PC abrange uma vasta gama de perturbações clínicas e limitações de actividade e é, portanto, útil para uma categorização posterior em sujeitos com paralisia cerebral em classes ou grupos (Rosenbaum L Peter et al, 2005).

A classificação inclui o seguinte:

1) Descrição: Fornece o nível de detalhe para uma pessoa com paralisia cerebral e define claramente a natureza da doença e a sua gravidade.

2) Predição: A previsão fornece informações que podem informar os profissionais de saúde sobre as necessidades actuais e futuras das crianças com paralisia cerebral.

3) Comparação: fornece informação suficiente que permite uma comparação razoável entre os casos de paralisia cerebral.

4) Avaliação em mudanças: Fornece informações que nos permitirão comparar o mesmo indivíduo que sofre de paralisia cerebral em diferentes pontos cronológicos da vida (Rosenbaum L. Peter et al, 2005).

Os sistemas tradicionais de classificação centram-se principalmente na infestação de membros (por exemplo, hemiplegia ou diplegia) e, além disso, descrevem o tipo predominante de anomalia do tom ou do movimento (por exemplo, espástica ou discinesia). Tomou-se óbvio que devem ser consideradas características adicionais para um sistema de classificação completo e uma compreensão e gestão significativas desta doença (Rosenbaum L. Peter et al, 2005).

Os dados disponíveis para fornecer uma classificação adequada das características da paralisia cerebral variam por pessoa durante a idade e áreas geográficas da criança. O papel do envelhecimento na alteração do quadro clínico da paralisia cerebral não foi estudado em toda a sua extensão. Por conseguinte, numa idade mais avançada, podemos ter necessidade de classificar a doença de forma diferente devido a alterações que ocorrem ao longo do tempo.

A classificação requer frequentemente a tomada de decisões difíceis no que diz respeito à caracterização das fronteiras, das suas origens e da sua linha de chegada. Nenhum sistema de classificação é útil, se não fiável. Por conseguinte, não é suficiente determinar as características utilizadas numa classificação, em vez disso a funcionalidade também deve ser definida (Rosenbaum L. Peter et al, 2005).

Crothers e Paine criaram um modelo baseado nas características funcionais da Academia Americana de Paralisia Cerebral, segundo o qual dividiram a doença em dois grupos:

1. Espástico (piramidal)

2. Extrapiramidal

Várias vezes, os dois grupos unem-se e formam um grupo misto. Existe também uma classificação baseada na distribuição topográfica da doença. Esta classificação é muito útil, em particular, para distinguir a forma espástica da paralisia cerebral (Pandeliadis P. Christos, Syrigou-Papavasiliou Antigone, 2010).

A classificação da paralisia cerebral, que é conhecida até à data, baseia-se nas ideias de Ingram e Hagberg. Esta classificação baseia-se principalmente no sintoma já predominante, evitando a forma mista de paralisia e os termos tetraplegia, diplegia, hemiplegia. A classificação de Ingram e Hagberg pode ser conhecida até à data, mas a estabelecida e amplamente aceite é a classificação baseada nos princípios da Vigilância da PC na Europa (SCPE). Com base nesta classificação, eles estão divididos em:

1. A forma espástica (85-90% das crianças sofrem de paralisia cerebral), nomeadamente quando a criança apresentará muito provavelmente pelo menos duas das seguintes características:

   - Postura não normal ou / e movimento

   - Reflexos patológicos

   - Aumento do tónus muscular

Relativamente à distribuição topográfica da doença, a classificação baseia-se no Sistema de Classificação Funcional Bruta Motor (GMFCS), que descreve a gravidade do problema cinético e o coloca em níveis (Panteliadis P. Christos, Syrigou-Papavassiliou Antigone, 2010).

A classificação da distribuição topográfica é baseada na dificuldade cinética e na natureza da distribuição. Dizem principalmente respeito à forma espástica da paralisia. Esta distribuição pode ser hemiplegia, diplegia, quadriplegia. Havia também os termos monoplegia e triplex mas agora foram abolidos (Bax Martin, Brown J. Keith, 2009).

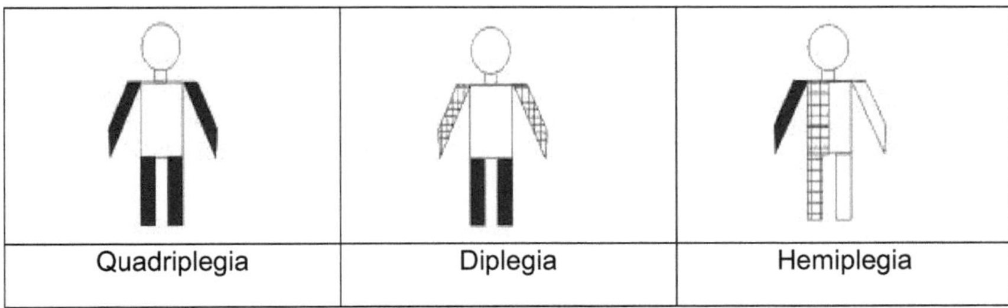

| Quadriplegia | Diplegia | Hemiplegia |

Figura: classificação baseada na distribuição topográfica.

A classificação da doença está de acordo com o seguinte: 1) distribuição topográfica (posição anatómica), 2) desordem neurológica, 3) funcionalidade (Angelopoulou-Sakantami, 2004).

7.1.5.1 Paralisia cerebral de forma espástica

É uma lesão do neurónio motor subdesenvolvido e das vias neurais próximas. As lesões que estão atrás e mais próximas dos ventrículos cerebrais causam espasticidade nas extremidades inferiores, enquanto que as lesões na frente e na esquerda causam espasticidade nas extremidades superiores. As lesões de curto alcance causam espasticidade nas extremidades inferiores, enquanto que os danos cerebrais extensos causam complicações no tronco e extremidades superiores (Pandeliadis P. Christos, Syrigou Papavassiliou Antigone, 2010).

O termo espasticidade descreve o aumento do tónus muscular causado por danos no Sistema Nervoso Central. A velocidade de qualquer tipo de movimento que afecte o tónus muscular deve-se ao aumento da actividade do reflexo tendinoso. A espasticidade no PC é uma das principais causas de incapacidade. Contudo, nem sempre é prejudicial, uma vez que ajuda a manter a postura. No entanto, tem efeitos negativos na qualidade de vida, uma vez que reduz os movimentos, as actividades diárias, a higiene e mesmo o sono das crianças com PC. (Pandeliadis P. Christos, Syrigou Papavassiliou Antigone, 2010).

7.1.5.2 Quadriplegia espástica

Todos os quatro membros juntamente com o tronco e os músculos da boca e da língua são projectados. Aproximadamente 30% das crianças com paralisia cerebral sofrem de quadriplegia (Panteliadis P. Christos, Syrigou Papavassiliou Antigone, 2010)

A quadriplegia é frequentemente acompanhada por crises epilépticas e questões cognitivo-linguísticas. Nesta forma de paralisia, as crianças desenvolvem um movimento funcional reduzido que resulta em muitas contraturas e distorções (Bax Martin, Brown J. Keith, 2009)

Deve-se notar que caminhar com alguma ajuda raramente alcança o seu objectivo, e se uma criança não ficar sozinha até aos 5 anos de idade, então a caminhada sem ajuda raramente é alcançada (Pandeliadis P. Christos, Syrigou-Papavassiliou Antigone, 2010)

Figura 7.1.5.2.: Quadriplegia Espástica

7.1.5.3 Diplegia espástica

É a forma mais comum de Paralisia Cerebral. O maior problema, uma criança com cara de diplegia, é caminhar. Pode ser alcançada através do uso de talas e outros tipos de ajuda, dependendo, sempre, do grau de dificuldade. As crianças que sofrem de diplegia têm formas características de andar:

* Deslocação em tesoura:

É devido à espasticidade dos músculos adutores dos quadris. Devido ao aumento da espasticidade, um pé está a cruzar-se em frente do outro. Em tal padrão, recomenda-se uma ajuda devido a um problema que é criado na fase de oscilação e a criança pode facilmente perder o equilíbrio.

* Caminhada de flexão do joelho

Quando há um pes equinus no ligamento do tornozelo e espasticidade nos quadris e joelhos, pode ser criada uma marcha característica com um joelho rígido. A criança caminha sobre os dedos dos pés com flexão do joelho e da anca e flexão do pé dorsal. Normalmente, o pes equinus é encontrado em crianças com diplegia em fases iniciais, quando aprendem a andar. O pes equinus é criado devido à espasticidade do músculo gastrocnémio (Panteliadis P. Christos, Syrigou-Papavassiliou Antigone, 2010).

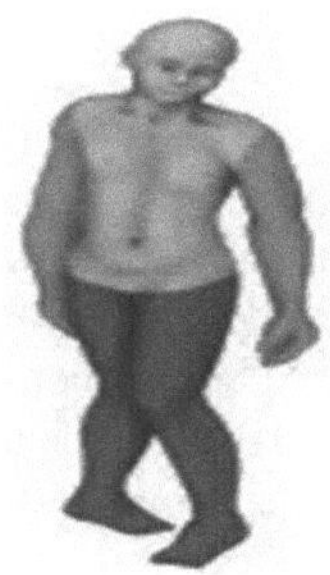

Figura 7.1.5.3..: Diplegia espástica

7.1.5.4 Hemiplegia espástica

Neste tipo de paralisia, a extremidade superior parece ser mais afectada pela extremidade inferior. Quase todas as crianças com este tipo de paralisia caminharão. Se não conseguirem andar, então temos de suspeitar de convulsões epilépticas graves ou de um atraso geral no desenvolvimento (Bax Martin, Brown J. Keith, 2009)

É de notar que o lado direito é mais frequentemente afectado em comparação com o esquerdo e isto pode ser devido ao período perinatal. As perturbações frequentes que se seguem à hemiplegia são:

* Ataques epilépticos (40-50%)

* Retardamento mental

* Escoliose (15-20%)

- Discrepância no comprimento das pernas (10%)

- Distúrbios da fala (20%)

(Christos P. Panteliades, Antigoni papavasiliou Syrigou, 2010)

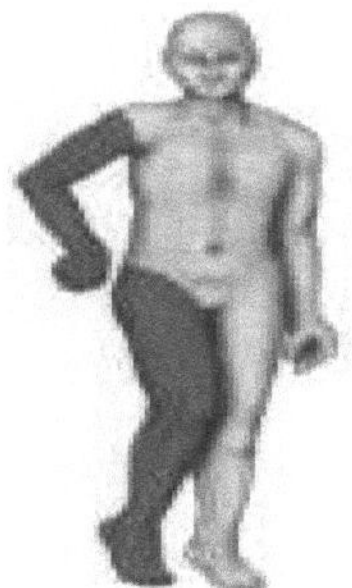

Figura 7.1.5.4: Hemiplegia espástica do lado direito

7.1.5.5 Distonia / Discinesia

A forma discinética da paralisia cerebral ocorre em aproximadamente 6% dos casos da doença e é devida a danos no tálamo cerebral e nos gânglios basais. Divide-se em danos ligeiros, moderados e graves. Apenas em grau ligeiro o nível cognitivo / perceptivo pode não ser afectado e dentro dos limites normais. Surdez, salivação, fala e distúrbios de deglutição ocorrem frequentemente. O tónus muscular alternado é o ponto focal clínico característico na discinesia. Após 2 anos de idade, os movimentos clínicos são estabelecidos e divididos em atetose, coréia e distonia. Os movimentos da córnea são mais rápidos, mais intensos e íngremes, os movimentos distónicos são lentos e ocorrem em grandes grupos musculares, enquanto na forma distónica, as contracções musculares e os movimentos repetitivos do rotador são prolongados. Normalmente não há sensibilidade na distonia, a menos que haja espasticidade (Panteliadis P. Christos, Syrigou-Papavassiliou Antigone 2010).

O termo distonia é mais preferido do que o termo atetose. Na distonia há movimentos desnecessários em torno da boca e das extremidades. As extremidades tornam-se particularmente distintas quando se realiza um movimento fino (Bax Martin, Brown J. Keith, 2009).

A principal característica da atetose é o movimento lento e incontrolável dos rotadores. Estes movimentos são repetidos com um ritmo espasmódico descoordenado. É o resultado de danos nos gânglios basais e é considerado um dano extrapiramidal (Angelopoulou-Sakantami, 2004)

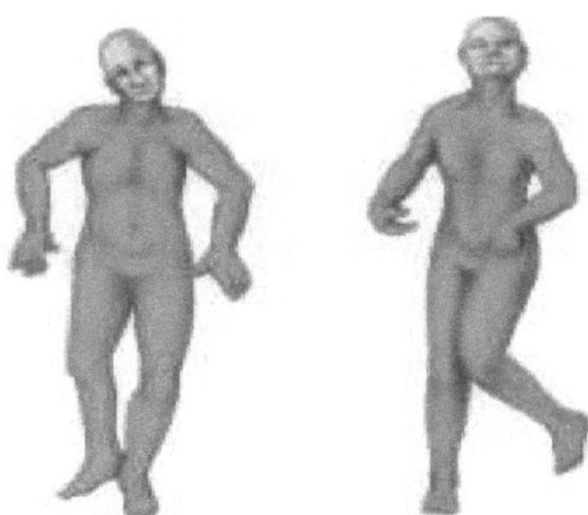

Figura 7.1.5.5: Paralisia Cerebral do tipo Atetóide e Distónico, respectivamente

7.1.5.6 Ataxia

Ataxia ocorre apenas em 4% da população afectada por esta doença. Em crianças com este tipo de desordem, observam-se menos lesões neurológicas em comparação com outros tipos de paralisia cerebral. A hipotonia é característica da ataxia e, aos 6th meses de idade, a falta de equilíbrio está a tornar-se evidente. Em idades mais avançadas, podemos ver movimentos rápidos, desajeitados, incorrectos e descoordenados. Se as crianças com ataxia conseguem andar, acabam por fazê-lo com muito apoio, coordenação incompleta, tremor e problemas de mobilidade fina (Panteliadis P. Christos, Syrigou - Papavasileiou Antigone, 2010)

Figura 7.1.5.6..: Paralisia Cerebral Táxica

7.1.5.7 Tipo hipotónico

Este é um tipo raro de paralisia cerebral e deve-se a danos no cerebelo e no córtex. A hipotonia é de grande gravidade e deve-se a uma baixa tensão muscular e, juntamente com a ataxia, é considerada uma forma atónica de paralisia (Aggelopoulou-Sakantami, 2004).

7.1.5.8 Paralisia cerebral mista

É uma combinação de classificação neurológica. É um dano cerebral prolongado que aparece em 13% das crianças com paralisia cerebral. (Aggelopoulou - Sakantami, 2004).

É uma combinação de classificação neurológica. É uma lesão cerebral prolongada que aparece em 13% das crianças com CP. (Aggelopoulou-Sakantami, 2004).

7.1.5.9 Classificação funcional

Existem 4 categorias nesta classificação (Angelopoulou-Sakantami, 2004):

1. Categoria I: Sem restrições de actividades

2. Categoria II: É suave e há uma limitação suave a moderada às actividades

3. Categoria III: É moderada e existe uma restrição séria às actividades

4. Categoria IV: É pesada e não há participação em actividades

7.1.6 Estado clínico da Paralisia Cerebral

Os sintomas da doença são permanentes e, em parte, mudam no decurso do desenvolvimento de uma criança. Os efeitos sobre o campo neurológico dizem respeito à atitude, movimento e funções motoras que infectam o cérebro da criança em desenvolvimento. Os danos neurológicos da doença incluem:

1. Tónus muscular Pathologiy

2. Mau equilíbrio e má coordenação

3. Má sinergia muscular (lutadores - concorrentes)

4. Perda de controlo muscular e reflexos dependentes

5. Fraqueza muscular

6. Perturbações motoras

(Christos P. Panteliades, Antigoni Papavasiliou Syrigou, 2010)

Relativamente às perturbações funcionais das crianças que sofrem de paralisia cerebral podemos observar c seguinte (Veretta D. et al., 2007):

Extremidades superiores:

1. Deformação devida a contractura do cotovelo: Se o cotovelo da criança pode atingir os 90°, então não é necessário nenhum tratamento especial.

2. Deformação no antebraço prurido: É uma distorção bastante frequente que pode levar ao deslocamento da cabeça da axila.

3. Distorção devida a contractura no pulso: Este tipo de contractura pode ser melhorado através do alongamento ou libertação do flexor ulnar.

4. Distorção devido a contractura de dígitos: Há uma grande espasticidade nos flexores longos de dígitos.

5. Distorção do polegar plantar: No início da sua ocorrência, a espasticidade dos adutores e dos flexores do polegar são responsáveis pela distorção que pode resultar numa longa retracção dos flexores.

Na medula espinal e na pélvis:

A distorção mais comum da medula espinal é a escoliose. A flexão projectada é a flexão tóraco-lombar, mas em pacientes com dificuldade em andar a pélvis também participa. É normalmente numa rotação oblíqua, resultando na derivação de uma anca e a outra na adução.

Em extremidades baixas:

1. Deformação devida a rapto de anca: A criança é marcha em tesoura acompanhada por uma rotação interior.

2. Contractura da anca: Normalmente acompanhada de contractura do joelho causada ao longo do tempo. A criança parece caminhar enquanto está sentada ou devido a lordose na espinha lombar.

3. Distorção da anca em rotação interna: Normalmente acompanhada de flexão e adução da anca.

4. Deslocação da anca: A flexão e a adução da anca que são permanentes para crianças que sofrem de paralisia cerebral leva ao desvio da coxa femoral. Se a criança não conseguir carregar correctamente a extremidade ou se os músculos adução forem fracos, então o risco de luxação da anca aumenta.

5. Contractura do joelho: É uma deformidade muito comum devido à espasticidade ou encolhimento nos fémures posteriores. Muitas vezes, a contractura da anca agrava a contractura nos joelhos.

6. Distorção do joelho em extensão

7. Pes equinus

8. Pes raptos

9. Pes pronatus

7.1.7 A Paralisia Cerebral e as dificuldades que se lhe seguem

Para além das dificuldades em movimento, há uma série de perturbações que estão directamente relacionadas com os danos cerebrais que ocorreram. As perturbações concomitantes resultantes estão relacionadas com os danos cerebrais. Ou seja, à medida que os danos aumentam, quanto mais problemas a criança enfrenta. (Panteliadis P. Christos et al., 2010).

7.1.7.1 Perturbações dos sensores

Os problemas dos sensores são muito importantes porque afectam o tratamento da criança. Os estímulos podem normalmente ser transferidos para a periferia, mas no sistema nervoso central podem não ser devidamente processados (Panteliadis P. Christos et al., 2010)

7.1.7.2 Doença do refluxo gastroesofágico

O GERD em crianças que sofrem de paralisia cerebral ocorre a uma taxa entre 26-75%, enquanto em crianças normais esta percentagem é reduzida para 7-8%. A DRGE é mais comum na forma espástica de paralisia cerebral. Vale a pena notar que a DRGE em crianças com atrasos mentais e motores é apresentada após o primeiro ano de vida. As causas mais prováveis são hérnia diafragmática ou gastrostomia e porque a pressão da escoliose também está presente. Além disso, a posição supina prolongada, função não normal do esfíncter esofágico inferior e a administração de drogas contra epilepsia ou espasticidade é outra razão para as DRGE (Panteliadis P. Christos et al., 2010)

7.1.7.3 Distúrbios auditivos

Os distúrbios auditivos são mais comuns na distonia do que na espasticidade. A gravidade desta perturbação varia desde uma simples perturbação auditiva até à tensão de alta frequência até à surdez total. Num dano central como a surdez cortical, a criança é incapaz de perceber e processar os estímulos, apesar de o ouvido funcionar correctamente. Infelizmente, os factores considerados perigosos para o aparecimento de paralisia cerebral (prematuridade, asfixia perinatal, infecções, baixo peso à nascença, meningite, síndromes genéticas) são considerados igualmente perigosos para a ocorrência de um distúrbio auditivo (Panteliadis P. Christos et al., 2010)

7.1.7.4 Perturbações oftalmológicas

As perturbações visuais que ocorrem em crianças que sofrem de paralisia cerebral têm graus de gravidade diferentes para cada criança. Pode ser uma simples desordem refractiva até à cegueira. A anomalia refractiva é controlável e pode ser tratada, pelo que quanto mais cedo for diagnosticada, mais rápida será a recuperação. Tal como na surdez cortical, o mesmo se aplica à cegueira cortical em relação ao órgão sensor que é o olho; funciona normalmente mas não obtém o processamento adequado do cérebro. Em crianças com diplegia espástica, o estrabismo (especialmente o estrabismo convergente) é mais frequente, enquanto que o nistagmo está presente em crianças com ataxia. (Pandeliadis P. Christos et al., 2010)

Questões relativas à visão em crianças que sofrem de paralisia cerebral:

- Strabismus

- Anomalias refractárias

- Nystagmus

- Défice de campos visuais

(Panteliades P. Christos e colegas, 2010)

7.1.7.5 Problemas de Obstipação e Bexiga

A obstipação em crianças que sofrem de paralisia cerebral está presente a uma proporção entre 26-50%. A causa mais provável da obstipação é a mobilidade reduzida que geralmente prevalece no corpo e mais especificamente no intestino.

Os problemas da bexiga estão associados à incontinência e à obstipação. Enurese, aumento da frequência urinária, incontinência e infecções do tracto urinário são comuns em crianças com PC. (Pandeliadis P. Christos et al., 2010)

7.1.7.6 Ataques epilépticos

As crises epilépticas ocorrem numa proporção de 40% em crianças que sofrem de paralisia cerebral. As convulsões que parecem ter a forma de espasmos ocorrem em idade neonatal e um pouco mais tarde, quando a criança tem cerca de 2 anos de idade. As convulsões que ocorrem por volta dos 3 e 6 anos de idade são evidentes sob a forma de convulsões tónico-clónicas. Quando o córtex, o hipocampo, a área temporal e o lobo frontal do cérebro são afectados, a probabilidade de convulsões aumenta. Por outro lado, a probabilidade de convulsões diminui quando há danos nas regiões hipofaríngeas do cérebro, nos gânglios basais e no cerebelo (Panteliadis P. Christos et al., 2010)

Tipos de convulsões epilépticas em crianças que sofrem de paralisia cerebral:

- Generalizado

- Focal

- Myoclonic

- Espasmos infantis

(Pandeliadis P. Christos et al., 2010))

7.1.7.7 Dificuldades de aprendizagem

As dificuldades de aprendizagem surgem a partir do momento em que existem problemas de visão, audição, fala, problemas de mobilidade e questões de percepção, comportamento e memória. As dificuldades variam e pode haver uma simples distracção, mas podem ser mais especializadas, tais como dislexia, dispraxia, disgrafia (Panteliadis. P. Christos et al., 2010)

7.1.7.8 Retardamento Mental

Retardamento Mental (R.M) ocorre em 30-65% das crianças com CP. Problemas de visão e audição podem tornar difícil o diagnóstico de R.M. Em crianças com ataxia, observou-se uma maior prevalência de Retardamento Mental em comparação com crianças com atetose ou espasticidade. Também foi observado um grau mais elevado de R.M. em crianças com tetraplegia do que em crianças com hemiplegia e diplegia. É importante mencionar que a deficiência motora afecta grandemente a função mental (Panteliadis P. Christos et al., 2010)

7.1.7.9 Osteopenia / Osteoporose

Baixa mobilidade, atrofia das extremidades e fraqueza muscular combinada com função estática tardia e má nutrição são factores que favorecem uma baixa densidade óssea (Aggelopoulou - Sakantami, 2004).

7.1.7.10 Perturbações da fala e da articulação

Em teoria, as crianças com disfagia e vários distúrbios alimentares apresentarão também perturbações da fala. Na prática, porém, este caso não é tão bem fundamentado. Na prática, vemos crianças que falam normalmente para apresentar dificuldades quando comem, mas também vice-versa. Há muitas vezes em que deve ser criada uma forma alternativa e incremental de comunicação, uma vez que o nível cognitivo das crianças é muito bom e há um forte desejo da criança de comunicar com o seu ambiente (Bax Martin, Brown J. Keith, 2009).

No estudo da Andersen em 2008, 28% das crianças com PC têm uma deficiência da fala gravemente perturbada ou uma ausência total de fala, enquanto 72% apresentaram uma fala legível. É importante notar que as crianças com hemiplegia ou fala compreendida parecem ser 90%, enquanto que nas crianças com distonia/dispneia esta percentagem cai para 10%. Pirila e os seus colegas relatam que o índice de inteligência e dificuldades motoras está directamente relacionado com a ocorrência da fala. Finalmente, os problemas de fala e articulação apresentam crianças com perturbações sensoriais (perturbações auditivas e visuais) (Panteliadis P. Christos et al., 2010).

7.1.7.11 Perturbações alimentares

Os distúrbios alimentares incluem predominantemente crianças com distonia. Nesta forma de paralisia cerebral, há uma incapacidade de controlar os músculos da boca, resultando em dificuldade de mastigação, e de engolir. A disfagia que ocorre coloca problemas adicionais principalmente com aspiração e infecções pulmonares. A solução do problema vem muitas vezes cirurgicamente através da gastrostomia, o que melhorará a qualidade de vida da criança e do seu cuidador (Panteliadis P. Christos et al., 2010).

7.1.7.12 Perturbações Psicológicas / Psiquiátricas

Num inquérito de 2006, foi relatado que as crianças com CP têm cinco vezes mais hipóteses de experimentar problemas comportamentais do que outras crianças. Estes problemas afectam toda a família, que frequentemente experimenta a negação em aceitar qualquer tipo de problema. Crianças com problemas motores graves ou problemas de fala dificultam a investigação de um problema psicológico por especialistas. Muitas vezes, a comunicação solidária / alternativa facilita muitas vezes o exame da saúde mental da criança. Crianças com deficiência motora sentem-se constantemente dependentes do seu tutor. Este sentimento de dependência causa frustração infantil e conduz lentamente ao isolamento social e à depressão (Panteliadis P. Christos et al., 2010).

Questões de acompanhamento

- Problemas sensoriais
- Refluxo Gastroesofágico (GERD)
- Desordens auditivas
- Problemas de obstipação e cisto vesical
- Disfagia e dificuldade em comer
- Ataques epilépticos
- Deficiência da fala e da articulação
- Perturbações da visão / Visão
- Dificuldades de aprendizagem
- Retardamento Mental
- Osteopenia / Osteoporose
- Perturbações psicológicas / psiquiátricas

Figura 7.1.7..: Perturbações CP (Bax Martin, Brown J.Keith,2009)

7.1.8 Diagnóstico

A mãe da criança é normalmente a primeira a perceber que o seu filho não consegue focar os olhos, não apoia a cabeça, não estica a mão para apanhar um brinquedo. Os primeiros sinais são a lenta coordenação dos movimentos da criança e o reduzido desenvolvimento do controlo muscular, mas também há sinais que são menos perceptíveis.

O diagnóstico precoce pelo pediatra e/ou pelo neurologista aumenta a eficácia da reabilitação. Os recém-nascidos de um grupo de alto risco (prematuros, de peso inferior, os hospitalizados em unidades de cuidados intensivos, gravidezes múltiplas) devem ser rotineiramente monitorizados por uma equipa de especialistas. Mesmo quando não existe um diagnóstico exacto, é aconselhável fazer fisioterapia em crianças para prevenir alguns problemas (www.eps-ath.gr, 2014).

```
INDICAÇÕES PRECOCES PARALISIA CEREBRAL
1. Factores agravantes da história pré-natal, perinatal, pós-natal

2. Problemas nos movimentos oculares

3. Comportamento patológico

4. Hipotonia com boa força muscular

5. Atraso psicomotor

6. Perseverança ou assimetria nos reflexos primitivos

7. Aumento dos reflexos tendinosos e clone

O exame neurológico inclui:

1. Exame neurológico clássico

2. Observação infantil

3. Vários testes para bebés

4.Reflexos primitivos
```

Figura 7.1.8. Primeiras indicações de CP. (www.eps-ath.gr, 2014)

7.1.9 Prevenção

A prevenção de doenças significa unidades de cuidados intensivos especializadas e melhores cuidados para a mulher grávida e recém-nascidos. As medidas tomadas para prevenir a doença são importantes e os desenvolvimentos tecnológicos e médicos também têm ajudado a alcançar este objectivo. Apesar das mudanças que foram feitas, contudo, a doença permanece estável em frequência, devido à sobrevivência de recém-nascidos prematuros e de baixo peso (600-800 gramas). As unidades de cuidados intensivos de enfermagem melhoraram e têm fertilização e gravidezes múltiplas. Todos os anos, no nosso país, nascem cerca de 4.000 crianças através de FIV, 26,5% são gémeos e 2,9% são trigémeos. Estas gravidezes têm o maior risco de danos neurológicos (www.eps-ath.gr, 2014).

7.2. Natação terapêutica e hidroterapia

7.2.1. Informação geral sobre hidroterapia

Por Hidroterapia entendemos a utilização da água e do elemento água como meio de cura e/ou reabilitação em diferentes ambientes que são cuidadosamente escolhidos de acordo com cada caso (piscina, banho, mar) (Skoutelis Ch. Vasilis, 2014).

A hidroterapia é uma terapia interventiva para crianças com perturbações de desenvolvimento neurológico, tais como: Paralisia cerebral, síndrome de Prader-Willy, atrofia muscular espinal, distúrbio de ressonância do desenvolvimento, atraso no desenvolvimento, artrite reumatóide juvenil, síndrome de Rett, distúrbio do espectro autista, síndrome de Asperger (Frazen Kathleen, Tryniszewski Priscilla, 2013).

O tratamento na água tem muitas vantagens uma vez que a água oferece uma força ascendente e as crianças podem flutuar sem que o seu peso as segure. Existem forças compressivas reduzidas nas articulações resultando em movimentos mais "fluidos" para as crianças que não são capazes de realizar estas actividades em terra. A hidroterapia pode reduzir a espasticidade, melhorar a tolerância das crianças a estímulos multi-sensoriais e pode aumentar a pressão sanguínea como resultado da pressão hidrostática. Assim, em comparação com os exercícios no solo, os exercícios com água facilitam o funcionamento de quaisquer actividades devido à redução da carga, pelo que temos menos carga sobre as articulações. Os programas de terapia aquática incorporaram muitos exercícios no solo, tais como alongamento, exercícios de resistência, exercícios de resistência aeróbica e actividades de capacidades motoras. Os exercícios aquáticos também incorporam adaptação à água, independência funcional, controlo do movimento da água, movimentos de rotação, habilidades de natação e exercícios de respiração. Tanto na água como em terra, os tratamentos são feitos sob a forma de um jogo que é uma prática particularmente popular no campo da reabilitação pediátrica (Frazen Kathleen, Tryniszewski Priscilla, 2013).

7.2.2. Hidroterapia e natação terapêutica

A hidroterapia é um método de Fisioterapia e envolve a imersão de todo ou parte do corpo a fim de se mover passivamente através da pressão térmica, mecânica e química da água ou energeticamente através de exercícios terapêuticos (Hidrocariesoterapia). A Hidroterapia é um programa de terapia individual numa piscina devidamente aquecida (com a temperatura estável a 32-35 graus Celsius) e promove a funcionalidade dos indivíduos (Squelles C.Vasilis, 2014).

Os exercícios terapêuticos incluem:

1   Exercícios de reforço

2   Exercícios de alongamento

3   Exercícios respiratórios

4   Exercícios de equilíbrio e controlo estático

5   Formação a pé

6   Relaxe

(Vasilis Ch. Skoutelis, 2014)

Através de todos estes movimentos e posturas de natação, são desenvolvidas competências, funções físicas, controlo motor, consciência corporal, gestão da dor e relaxamento (Skoutelis Ch.Vasilis, 2014)

A Hidrofisioterapia é diferente da Natação Terapêutica. A Hidrofisioterapia é um programa de educação física que, através do ensino da natação, promove a autonomia, mobilidade, bem-estar físico e mental, entretenimento, sociabilidade, saúde geral e desempenho na natação (Skoutelis C.Vasilis, 2014).

Inversamente, a Natação Terapêutica não é uma terapia mas um método para aprender a nadar. O termo "terapêutico" é utilizado para enfatizar os efeitos benéficos da água e do exercício na água. A ciência moderna da educação especial alarga o termo Natação Terapêutica para incluir outras actividades desportivas e recreativas na água (Skoutelis Ch. Vasilis, 2014).

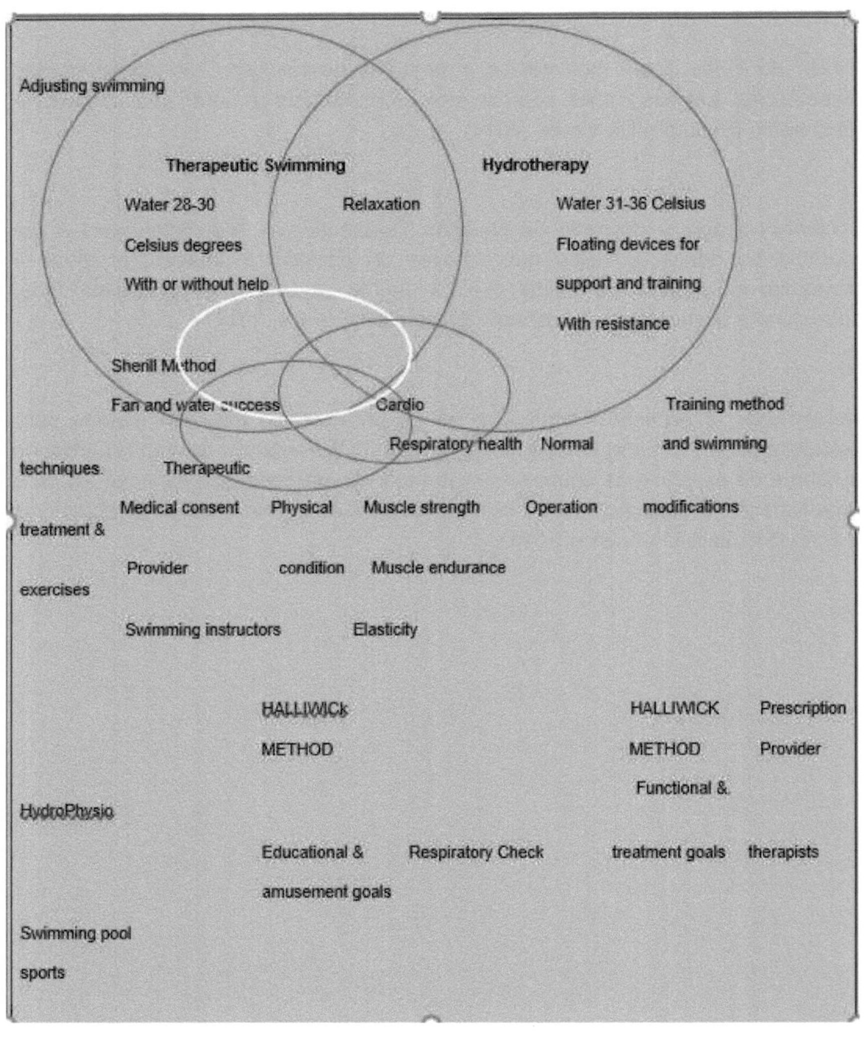

Adjusting swimming
Therapeutic Swimming
Hydrotherapy
Water 28-30
Relaxation
Water 31-36 Celsius
Celsius degrees
Floating devices for
With or without help
support and training
With resistance
Sherill Method
Fan and water success
Cardio
Training method
Respiratory health   Normal
and swimming
techniques
Therapeutic
Medical consent   Physical   Muscle strength   Operation   modifications
treatment &
Provider   condition   Muscle endurance
exercises
Swimming instructors   Elasticity
HALLIWICK
HALLIWICK   Prescription
METHOD
METHOD   Provider
Functional &
HydroPhysio
Educational &   Respiratory Check   treatment goals   therapists
amusement goals
Swimming pool
sports

Condição Física	Função Física	Exercícios de tratamento	Técnicas de tratamento
Desempenho	Equilíbrio (Em apoio vertical)	Reforço	Método Bad Ragaz
Equilíbrio (Em apoio lateral)	Estabilidade	Alongamento	Watsu
Flexibilidade	Coordenação	Verificação estática - coordenação	Abordagem de formação em actividades
Coordenação	Mobilidade	Mobilidade conjunta - estabilização	
Velocidade		Formação a pé	
Energia		Aptidões das extremidades superiores	

Figura 7.2.2: Programa de hidroterapia e natação terapêutica (Modificado por Skoutelis, 2013)

7.2.3. Técnicas de hidroterapia

As técnicas utilizadas para hidroterapia são as seguintes: Halliwick, Watsu e Bad Ragaz.

O Método Halliwick está dividido em 4 fases:

1. Ajuste de água

2. Rotação

3. Controlo do movimento na água

4. Movimento na água

O núcleo deste tipo de hidroterapia é o programa de 10 pontos, centrado no controlo ortostático, controlo rotativo, função respiratória adequada, adaptação cognitiva à água, ao mesmo tempo que ensina as crianças a nadar. É um programa de exercício em que as crianças com deficiência aprendem primeiro a manter o equilíbrio numa posição estável, flutuam de costas, e depois aprendem a manter o equilíbrio numa posição instável; enquanto se movem no ambiente aquático.

O Watsu é uma forma de hidroterapia que combina shiatsu, alongamento muscular, mobilização articular, e dança. A pessoa é constantemente apoiada durante o tratamento.

Bad Ragaz é outra forma de hidroterapia em que o terapeuta oferece resistência com as mãos, enquanto o paciente tenta realizar movimentos activos como meio de apoio para flutuar. O terapeuta também fornece a facilidade, sob a forma de estímulos próprios, para activar os músculos fracos. Normalmente, nesta técnica de hidroterapia, são utilizados os princípios de facilitação neuromuscular proprioceptiva (PNF) (Frazen Kathleen, Tryniszewski Priscilla, 2013).

7.2.4. Benefícios da hidroterapia na Paralisia Cerebral

A hidroterapia pode ser utilizada para melhorar a aptidão física das crianças que sofrem de paralisia cerebral. Os benefícios potenciais do exercício aquático adaptativo incluem o aumento da resistência cardiovascular, força, coordenação e melhoria das capacidades de natação. A capacidade de flutuação é uma das propriedades naturais da água, que proporciona suporte ortostático e reduz a carga nas articulações instáveis. Como resultado, as crianças que sofrem de paralisia cerebral podem mover-se independentemente. A flutuabilidade é uma força que pode ajudar através da resistência e o movimento na água pode ser alcançado. Através da natação, as crianças podem fazer movimentos incontroláveis e utilizar os músculos que têm uma limitação contra a gravidade. Por este motivo, a natação e qualquer outro tipo de desporto aquático são adequados para crianças com PC e para crianças com alguma outra dificuldade motora. Além disso, as actividades marítimas melhoram o controlo da respiração e melhoram as funções cardiovasculares (Jorgic Bojan et al, 2012).

Além disso, quando uma criança com uma deficiência física aprende a mover-se e a nadar sem qualquer ajuda dos outros, a auto-estima e o respeito por si própria são reforçados. A água é na realidade um meio, onde qualquer pessoa pode participar em actividades desportivas de entretenimento e terapêuticas, independentemente da sua idade.

A natação e a actividade da água são reconhecidas como parte de um programa completo de actividade corporal para pessoas com paralisia cerebral. Mais especificamente, os benefícios dos programas de hidroterapia para crianças com deficiência incluem:

1. Flutuabilidade, permitindo o movimento, mesmo quando o sistema neuromuscular é incapaz de se mover contra a gravidade

2. A elevada viscosidade da água, proporcionando uma resistência gradual em todo o espectro do movimento

3. Transferência de calor significativamente maior para a água em comparação com o ar, o que reduz a espasticidade e outros movimentos involuntários

4. A pressão hidrostática proporciona um estímulo extensivo, bem como um aumento da pressão sobre os pulmões e outros órgãos internos, bem como sobre os músculos respiratórios. Isto, portanto, melhora a coordenação, a respiração, e funções relacionadas, tais como nutrição e fala. Infelizmente, apesar do entusiasmo sobre os efeitos terapêuticos propostos do exercício aquático, não existem até agora provas experimentais publicadas. No entanto, a natação e as actividades aquáticas são conhecidas pelo seu efeito na respiração em doentes asmáticos (Hutzler Yeshayahu, 1998).

O exercício da água pode ser muito atractivo para crianças que sofrem de paralisia cerebral. A flutuabilidade reduz a gravidade e aumenta o apoio estático. Assim, devido a esta característica que a água proporciona, as crianças sentem-se livres dentro da água do que em terra seca (Kelly Michelle, Darrah Johanna, 2005).

As forças de resistência à flutuação e à fricção da água permitem uma variedade de exercícios aeróbicos e estes exercícios podem ser facilmente modificados na água. A água pode facilitar uma vasta gama de capacidades motoras que as crianças com PC têm. (Kelly Michelle, Darrah Johanna, 2005).

Assim, a actividade aquática proporciona níveis reduzidos de carga e proporciona um ambiente ligeiramente instável nos ligamentos das crianças com stress patológico persistente. O exercício na água é uma forma única de exercício que pode ser particularmente útil para melhorar os níveis de aptidão física em crianças com PC. (VELL Michelin, Darrah Johanna, 2005)

No entanto, muitos factores para o exercício aquático devem ser tidos em conta. Estes factores são:

1. Garantia de intensidade, duração e frequência adequadas de exercício para promover a aptidão física das crianças.

2. Investigar se a terapia de grupo é mais benéfica do que a terapia individual em algumas crianças.

3. Assegurar que o ambiente da piscina é seguro e adequado para crianças (Kelly Michelle, Darrah Johanna, 2005).

7.2.5. A história de Halliwick

Em 1949, James e Phyl McMillan desenvolveram o método para ensinar a natação a pessoas com deficiência. James McMillan era engenheiro, instrutor de natação e treinador. Ele foi capaz de compreender os problemas de equilíbrio e movimento na água através dos princípios da teoria hidrostática e hidrodinâmica. James e Phyl trabalharam na escola Halliwick para raparigas com deficiência. Desenvolveram lá o método e, por conseguinte, a escola adoptou o nome do método Halliwick. Em 1950, a Primeira Equipa de Natação da Halliwick, "Halliwick's Penguins", foi estabelecida. Este grupo aceitou pessoas com várias formas de deficiência (cinética, mental, sensorial). Este grupo era voluntário e os voluntários (familiares, pais, amigos) eram formados como instrutores/formadores ou como assistentes. Em 1952, foi criada a Organização de Natação Terapêutica, que mais tarde passou a chamar-se Halliwick Therapeutic Swimming Organization. O método Halliwick foi alargado a todo o Reino Unido e Europa continental (www.halliwick.org, 2016).

O método Halliwick é uma técnica baseada na água e na aprendizagem da natação. O método vem de Inglaterra, onde em 1949, James McMillan, um engenheiro, desenvolveu técnicas para ajudar as pessoas com deficiência a tornarem-se nadadores independentes. Baseado na adaptação do princípio científico e hidrodinâmico do comportamento da água do corpo humano, Halliwick desenvolve o controlo do movimento e concentra-se no funcionamento independente, na segurança dentro e à volta da água, e na alegria da actividade aquática. Embora o método Halliwick possa ser usado para ensinar uma pessoa a nadar, é particularmente benéfico quando usado com pessoas incapazes de nadar em técnicas de natação tradicionais. Isto inclui pessoas que têm medo extremo, experiência prévia limitada em comparação com os seus pares, problemas de saúde especiais, e/ou deficiências físicas graves ou múltiplas. Uma vez implementadas as técnicas básicas de Halliwick, as pessoas podem melhorar ainda mais as suas capacidades de natação. O principal objectivo do método Halliwick é a liberdade e o movimento independente na água. Enquanto o método Halliwick foi criado como um método de natação educativo, a sua aplicação actual abrange muitos aspectos diferentes das actividades da piscina. Pessoas com medo intenso podem aprender a controlar com sucesso os seus corpos na água, quando têm confiança na água. A obesidade não é um obstáculo às actividades da Halliwick para controlar o movimento da água. Este método incorporou actividades amigas da criança e incorporou um manuseamento fácil para este programa aquático. Aulas de natação e outros exercícios na água aumentam o bem-estar e facilitam a capacidade de percepção das crianças com necessidades especiais. As actividades da equipa Halliwick contribuem para a interacção social, bem como para a melhoria do movimento funcional no ambiente aquático (Grosse J.Susan, 2010).

7.2.6. Organização Halliwick

Halliwick é um método de treino individualizado, em que a participação em grupo é a forma habitual de tratamento neste método. Há um líder Halliwick, o instrutor, que conduz os nadadores a todas as actividades. Cada nadador tem um instrutor e um tratamento específico - sessão com o instrutor. Um par de nadadores-instrutores (terapeuta) pode ser uma equipa no tratamento da Halliwick. Há demasiadas actividades em que toda a equipa está a participar em conjunto para melhorar a aprendizagem e as capacidades da Halliwick. A interacção proporcionada através do tratamento com outras crianças oferece uma agradável experiência social. O tratamento da Halliwick é conseguido através de jogos e actividades que promovem o domínio e as competências, e todos os professores e estudantes podem ajudar-se mutuamente (Grosse J.Susan, 2010).

7.2.7. O Conceito de Halliwick

Halliwick apoia o conceito um-para-um. O tratamento é feito com um instrutor e um estagiário até que o estagiário obtenha total independência na água. Através desta filosofia, o estagiário participa na terapia de grupo, ao mesmo tempo que tem a supervisão constante do terapeuta. Além disso, através de brinquedos na terapia, as crianças são informadas e familiarizadas com as propriedades e comportamento da água. Finalmente, através dos jogos, o estagiário exerce o seu equilíbrio. A técnica Halliwick presta especial atenção ao instrutor, uma vez que é o instrutor que fornece o apoio adequado e, portanto, o estagiário pode ter a sensação de movimento que muito provavelmente nunca irá sentir em terra. Quando o estagiário está familiarizado com a água e aprendeu a controlar e equilibrar o seu corpo, o terapeuta/instrutor começa lentamente a puxar as suas mãos e o estagiário obtém total liberdade na água. Finalmente, o estagiário deve manter uma posição respiratória segura, aprender a mudar de posição na água, aprender a controlar a exalação quando o rosto está na água, rodar e parar a rotação por vontade própria (www. halliwick.org.gr, 2016).

McMillan afirma que o núcleo do método é o programa de dez pontos. Um nadador precisa de dominar todos os dez pontos para ser realmente competente na água.

1. Ajuste mental

2. Desengajamento

3. Rotação Transversal

4. Rotação Sagital

5. Rotação Longitudinal

6. Rotação combinada

7. Upthrust

8. Equilíbrio na quietude

9. Deslizamento Turbulento

10. Progressão simples e movimento básico de natação
(www.halliwick.org.gr, 2016)

7.2.8. Estratégia da Halliwick

A estratégia da Halliwick tem o seguinte:

- **Estágio de preparação:**

Basicamente envolve a aprendizagem dos primeiros 6 pontos do programa de 10 pontos do método, a fim de tornar a criança independente dentro da água e ser capaz de responder às fases seguintes da hidroterapia. Nesta fase, as actividades desejadas que devem ser alcançadas, incluindo a flexibilidade, o estado cardiovascular e o desempenho muscular.

- **Fase de verificação estática:**

Refere-se ao controlo do equilíbrio estático e dinâmico. O Halliwick pode não utilizar meios de flutuação, mas nesta fase podem ser utilizados para criar condições de desestabilização. A criança é treinada no controlo de certas posturas (direita, sentada, de joelhos, semi-anelada, supina e oblíqua). Esta formação realiza-se gradualmente, através de actividades estáticas com um pequeno apoio, mudança de direcção da cabeça e do tronco e/ou movimento das extremidades superiores (Skoutelis Ch.Vasilis, 2014).

O equilíbrio dinâmico é alcançado mantendo a estabilidade em movimento através de mudanças de postura e de apoio. Aqui temos o "ajuste mental a partir da parte "rotação" do programa de 10 pontos

- **Fase de exercício dinâmico:**

Nesta fase, são desenvolvidos movimentos habilidosos. No entanto, é necessário ter conseguido anteriormente uma mudança de postura e mudanças de suporte de base. (Skoutelis Ch. Vasilis, 2014).

As três etapas da Halliwick são semelhantes ao programa de dez pontos do método (Skoutelis Ch. Vasilis, 2014).

McMillan falou sobre os sete (7) objectivos que podem ser alcançados através da Halliwick. Estes são:

1. Reforço muscular

2. Aumento do movimento de trajectória

3. Facilidade de reacção de postura e equilíbrio

4. Promover o estado físico geral

5. Libertação da dor

6. Libertação de espasticidade

Aumento do ajustamento mental na água e nas actividades (Skoutelis Ch. Vasilis, 2014).

7.2.9. Candidatura da Halliwick

O conceito Halliwick é baseado em diferentes princípios fundamentais descritos abaixo (Grosse J.Susan, 2010):

1. Um a um

O conceito Halliwick é implementado através de um instrutor, que trabalha apenas com um aluno. Cada professor está na água com o aluno até o aluno se tornar independente na água. Esta forma individual de ensino torna o Halliwick um método extremamente seguro. As crianças que necessitam de acompanhamento para realizar um exercício são acompanhadas de perto. Enquanto que aqueles que se sentem inseguros na água, quando o instrutor está ao seu lado, sentem-se mais seguros. O treino e o feedback sobre o desempenho do nadador é imediato, o que facilita resultados positivos. A taxa de contacto físico entre um instrutor e um aluno depende da capacidade do aluno de alcançar e manter uma posição respiratória estável na água, mantendo o equilíbrio durante as actividades motoras, e mantendo o equilíbrio através das rotações do corpo.

2. Utilização de dispositivos de assistência

Nas actividades da Halliwick, a flutuação é conseguida sem a utilização de qualquer dispositivo de assistência. O terapeuta pode fornecer apoio de várias formas para apoiar a criança. Desde o início, os estudantes aprendem a controlar o seu corpo. É enfatizado que o aluno ganha o máximo de liberdade física possível. Uma vez que cada um tem a sua própria força de elevação, os estudantes têm de desenvolver um sentido do seu próprio nível de força de elevação e fazer muito exercício para aprender a controlar os seus corpos na água. Através do toque, o instrutor pode determinar com precisão o apoio ou controlo que é necessário na altura. O instrutor pode ajustar continuamente a sua posição e o seu aperto para dar à criança a máxima liberdade de movimento. Esta adaptação é particularmente sensível e não pode ser conseguida com qualquer outro produto e dispositivo de flutuação. Os nadadores que utilizam o corpo do instrutor para alcançar o upthrust têm um período de transição mais fácil do que aqueles que utilizam dispositivos auxiliares.

A liberdade de circulação na água requer a ausência de meios de apoio, pelo menos pela primeira vez, o movimento independente que não pode ser alcançado em terra.

3. Controlo da cabeça

O controlo independente da cabeça é um critério para o desenvolvimento de competências no método Halliwick. Desde o início, todos os pacientes nadadores tentam controlar a cabeça e o pescoço. Todas as posições na água são determinadas e controladas pela posição da cabeça e pela forma como o instrutor manuseia a criança sem qualquer contacto com a criança. A incitação verbal é tudo o que o instrutor fornece. Isto torna o contacto visual particularmente importante. A busca constante da criança pelo seu instrutor determina a posição da cabeça e a posição do seu corpo.

4. Controlo da respiração

Nadadores Halliwick - Os pacientes devem aprender a controlar a sua respiração na água para que os estudantes aprendam a exalar cada vez que o seu rosto se aproxima da água. As rotações e os mergulhos requerem exalação. É frequentemente praticado para aprender a expiração. A prática começa com a criança a tentar soprar com a face para fora da água, e evolui soprando na superfície da água (movendo-se ou mudando de posição nos objectos) e finalmente soprando debaixo da água. A melhoria da mobilidade é conseguida através do controlo da respiração. Além disso, o controlo voluntário da respiração reduz o medo e cria confiança entre o terapeuta e a criança.

5. Nível da água

Durante todas as actividades Halliwick, tanto os ombros do instrutor como os do nadador devem permanecer debaixo de água. Isto assegura maior conforto para ambos, uma vez que a água não evapora do tronco e relaxa o corpo. O afundamento dos ombros pode ser conseguido colocando os ombros na água ou dobrando os quadris, joelhos, e/ou tornozelos para reduzir a distância do corpo a esta profundidade. A imersão do ombro não só mantém a temperatura corporal, mas também estimula uma respiração mais profunda, melhora a função cardiovascular e ajuda o nadador a sentir a flutuabilidade natural da água.

7.2.10. Princípios Mecânicos da Halliwick

A hidrodinâmica desempenha um papel muito importante na aplicação do Halliwick. McMillan, o criador do método Halliwick, seguiu e adaptou os seguintes princípios utilizando o método Halliwick (Grosse J.Susan, 2010):

1. Acção / Reacção

Para cada acção do corpo na água, há uma reacção igual e oposta. Por exemplo, rodar a cabeça para um lado fará com que o corpo role no sentido da rotação. O corpo move-se como uma alavanca, levantando a cabeça provocará tal movimento que as pernas vão para um nível inferior. Um movimento, então, irá facilitar o outro.

2. Upthrust

O corpo humano tende a flutuar. Baseia-se na flutuabilidade natural do corpo afundado. O movimento de flutuação do corpo dentro de água ocorrerá em torno do centro do corpo, localizado aproximadamente na zona do peito.

3. Verificação da cabeça

A posição da cabeça determina a posição global para o resto do corpo. Inclinando a cabeça para trás e olhando para cima, o corpo inteiro será forçado a deitar-se na posição supina. Ao colocar a cabeça para a frente com a face na água, forçaremos o corpo a entrar na posição de decúbito.

4. Rotação

O corpo gira horizontal e verticalmente em torno de um determinado ponto do corpo, o centro de flutuação natural do corpo. Aprendendo a controlar a rotação do corpo através da posição da cabeça, aumentará a independência e auto-confiança da criança.

5. Turbulências

Os nadadores da Halliwick - os pacientes devem aprender a mover-se na água apesar do movimento da água. O corpo precisa de responder às perturbações, quer trabalhando com ou durante todas as actividades na água.

6. Empurrar para cima

O regresso à superfície após o afundamento é facilitado por um empurrão, que é uma força ascendente contrária à força descendente da gravidade e é criada pela flutuabilidade física. O empurrar para cima deve ser um hábito para as crianças; desta forma reduz o medo de mergulhar e afogar-se. As crianças devem ser capazes de relaxar e usar a flutuabilidade para poupar energia, de modo a aumentar o controlo do movimento.

7.2.11. Actividades do Método Halliwick

As actividades de natação da Halliwick podem ser agrupadas nas oito categorias gerais seguintes (Grosse J.Susan, 2010):

1. Entrada e saída de água

2. Controlo da respiração

3. Orientação do movimento na água

4. Rotação transversal

5. Rotação sagital

6. Rotação combinada

7. Perturbações

8. Imersão

Uma vez conquistadas as actividades Halliwick, resultando em movimento livre e independente na água, podem ser ensinadas competências aquáticas mais tradicionais.

1. Entrada e saída da água

Os nadadores são encorajados a serem tão independentes quanto possível dentro e fora da água. A utilização de assistência em marcha nos degraus ou na rampa pode facilitar a entrada às crianças que não podem entrar pelo lado da piscina. Se a criança precisar de ajuda para entrar na piscina, então a criança senta-se à beira da piscina e é apoiada pelo tronco ou ombros ou cotovelos ou apenas pelas palmas das mãos, inclina-se para a frente e o instrutor ajuda a criança a entrar na água. Pode também precisar de ajuda para sair da água. A criança flutua para a frente e para cima, enquanto o instrutor o apoia por trás. A entrada totalmente apoiada na água é através de um assento de grua especial que coloca a criança directamente na água.

2. Controlo da respiração

A exalação controlada é a chave para controlar a respiração. As crianças devem ser instadas a soprar, quando o seu rosto está perto da água ou dentro da água. Se as crianças soprarem em pequenos objectos (tais como pequenas bolas leves), haverá um melhor feedback de expiração.

3. Orientação do movimento na água

Andar, saltar, correr, saltar no chão, o grande passo bem como outras formas de movimento vertical podem ser desenvolvidos através do equilíbrio na água.

As actividades motoras também aumentam a circulação e ajudam a manter a temperatura corporal. Qualquer pessoa que precise de ajuda pode ser ajudada pelo treinador utilizando o contacto táctil com o treinador.

4. Rotação transversal

Em rotação transversal, o corpo do propenso vem para a flutuação supina. A partir da flutuação supina ou frontal, a rotação transversal é utilizada para devolver a criança à posição vertical. Para ensinar a rotação transversal de uma criança, precisamos de começar por levantar e dobrar a cabeça. O grau de liberdade de movimento da cabeça é gradualmente aumentado e o controlo do movimento é alcançado. Ao mover-se de trás para a frente, e vice-versa, o corpo passa por uma posição vertical até ao fundo da piscina e quando a face se aproxima da superfície da água, a criança é convidada a soprar.

5. Rotação sagital

Partimos da posição supina e através de rotação sagital o corpo vai para a esquerda ou para a direita. Esta rotação começa por rodar a cabeça na direcção do ponto desejado. A 180° de rotação sagital, o nadador move-se para uma posição inclinada, enquanto na rotação sagital de 360° o nadador move-se da supina para a frente e continua uma rotação completa de volta à posição inicial da supina. A rotação sagital pode conter uma mudança sagital. Uma rotação sagital direita pode ser invertida rodando a cabeça para a esquerda e vice-versa. O corpo mudará então o seu sentido de rotação e regressará a uma posição supina estável. Normalmente, a mudança de direcção é ensinada primeiro, nomeadamente a forma como a criança aprende a virar a cabeça para mudar de direcção, mas também como soprar quando o rosto entra em contacto com a água.

6. Rotação combinada

A rotação combinada à entrada da piscina é conseguida através de uma respiração calma e segura. As crianças na água avançam através da rotação vertical. Abaixo da água fazem uma rotação sagital, e sobem à superfície utilizando o upthrust.

7. Turbulências

O movimento da água e dos pacientes, e os seus instrutores criam turbulência. Manter a posição supina e/ou nadar durante a turbulência é uma habilidade importante. As crianças develam lentamente esta habilidade através de treino prático.

8. Upthrust

O afundamento do corpo sob a água permite à pessoa exercer a capacidade de afundamento e de subida de pressão dentro da água. Com a criança a flutuar na posição inclinada, o instrutor pressiona suavemente o peito da criança para baixo. Em primeiro lugar, a pressão de um centímetro e meio é suficiente para o afundamento. O nadador pode então rodar e respirar, quer verticalmente ou sagitalmente. Quando a criança se sente confortável com a imersão, então a criança aprende gradualmente a empurrar para cima.

7.2.12. Ferramentas de tratamento

Este método oferece uma série de instrumentos de tratamento para poder promover através destes instrumentos a máxima intervenção hidrofisioterapêutica independentemente do nível funcional que as crianças tenham.

1. **Apoio:** O manuseamento do instrutor que apoia e orienta a criança com o objectivo de ganhar auto-confiança e controlo.

2. **Formas de rotação:** Através de formas/ figuras rotativas são preparadas e desenvolvido o desempenho muscular e a mobilidade.

3. **Posições originais:** Estas posições são necessárias porque causam efeitos biomecânicos e hidrodinâmicos específicos. As posições iniciais podem ser verticais, sentadas, onde os pés tocam o fundo, "flutuantes" (como se estivessem sentados), supinas, sagitais, à medida e de joelhos.

4. **Formas de exercício:** No Halliwick existem formas simétricas, assimétricas, bilaterais, e diagonais dos movimentos do corpo.

5. **Técnicas de Cura:** Utilizam as forças exercidas sobre o corpo para alterar as condições somatossensoriais a fim de treinar o controlo estático do movimento.

- **Gravidade prevalecente:** Quando o nível da água está abaixo do T11.

- **Upthrust prevalecente:** Quando o nível da água está acima do T11.

- **Assistência à Perturbação:** O desconforto causado pelo instrutor para ajudar na postura e movimento.

- **Resistência desenfreada:** Chama-se desordem da água causada pelo curandeiro a fim de perturbar o equilíbrio estático ou dinâmico.

- **Efeito Metacenter:** É o controlo de equilíbrio após uma força externa (onda) ou após uma mudança de corpo que leva ao movimento rotativo. As rotações criam tais forças que eventualmente causam a estabilização muscular e o controlo da postura.

- **Transmissão de impulsos de onda:** Esta é a força causada pelas correntes de esteira que bloqueiam o movimento do corpo para a frente. (Skoutelis Ch. Vasilis, 2014).

7.2.13. Resultados da Halliwick

Os princípios hidrodinâmicos representados neste método são a base para todos os programas de educação da natação. Uma vez dominadas as capacidades da Halliwick, as crianças começam a sentir-se confortáveis na água e a tornar-se independentes. O tratamento da Halliwick proporciona benefícios físicos, sociais e espirituais. Ao longo do processo, todos os nadadores melhoram a sua aptidão física como parte do processo de aprendizagem. A força muscular, a resistência e a função cardiovascular de todas as crianças são melhoradas quando participam no programa de tratamento. A falta de auxiliares de flutuação e o apoio mínimo dos instrutores ajuda a assegurar o desenvolvimento da aptidão funcional. As actividades da Halliwick envolvem frequentemente esforços de equipa, razão pela qual as aptidões sociais das crianças aumentam frequentemente. Depois de desenvolverem as suas capacidades de controlo da respiração, a respiração rítmica mais controlada é utilizada para uma flutuação mais fácil. O mais importante, contudo, é conquistar o conforto e o relaxamento, enquanto se desloca para a água, porque isto facilitará a aprendizagem de mais aptidões. Para pessoas com deficiências físicas graves e múltiplas, a aprendizagem de uma respiração adequada e controlada leva frequentemente tempo considerável. Mas estes indivíduos podem trabalhar independentemente e aprender a nadar (Grosse J.Susan, 2010).

7.3 Perturbações respiratórias na Paralisia Cerebral

Embora a PC não seja uma doença que afecta directamente o sistema respiratório, existe um comprometimento indirecto da função pulmonar. A perturbação neuromuscular da doença pode levar a lesões pulmonares e, em particular, a disfunções pulmonares. O mau estado dietético, salivação, pneumonia aspirativa, refluxo gastroesofágico, fraqueza muscular levam a uma diminuição da depuração das vias respiratórias e a uma redução da respiração (devido à deformação da parede pulmonar por espasticidade) aumenta significativamente o risco de morbilidade e mortalidade porque causa perturbações respiratórias (Ersoz Murat et al, 2006).

Os pacientes que sofrem de paralisia cerebral têm altas taxas de perturbações da função pulmonar, tais como pneumonia, atelectasia, bronquiectasia, e problemas respiratórios crónicos. Infelizmente, os problemas respiratórios das crianças com PC são difíceis de medir e de monitorizar, e, por conseguinte, conduzem frequentemente à morte. Sintomas clínicos tais como tosse fraca e fraca, e a redução da desobstrução das vias respiratórias devido a fraqueza muscular e cifoscoliose resultam em problemas respiratórios.

Em crianças com quadriplegia, a respiração é feita com muito má coordenação, o que revela fraqueza muscular. Isto resulta em incapacidade de respiração profunda. A respiração pouco profunda que ocorre na doença leva a microatelectasias e a uma dilatação pulmonar reduzida. Mais especificamente, a doença leva ao subdesenvolvimento dos tecidos pulmonares e à mudança da gaiola torácica. É possível que a respiração rasa, que é um padrão de respiração na forma grave de PC, conduza a uma incapacidade de expansão da parte superior do tórax, o que pode mais tarde afectar o desenvolvimento desta área. Isto resulta numa relação de força reduzida no tórax superior, mas infelizmente é difícil fazer uma avaliação mais detalhada devido à falta de cooperação que as crianças têm nesta idade (Park Sook Eun et al, 2006).

As crianças com múltiplas perturbações corporais têm frequentemente problemas respiratórios.

Estes problemas desempenham um papel importante na qualidade de vida e na esperança de vida destas crianças.

- **Tosse fraca e catarse pulmonar reduzida.**

A tosse é um processo complicado que requer uma forte contracção dos músculos intervertebrais e abdominais exalados e uma coordenação precisa dos músculos expiratórios e dos músculos da língua. O mecanismo da tosse é frequentemente ineficaz em crianças com CP. Existe uma falta de protecção das vias respiratórias inferiores em caso de aspiração e uma limpeza inadequada das vias respiratórias inferiores, particularmente durante uma infecção respiratória.

As crianças com CP apresentam uma sensibilidade mínima à tosse. A ausência de tosse pode levar ao atraso no reconhecimento do problema, bem como ao atraso no tratamento. No entanto, os cuidadores de crianças com PC aprenderam a reconhecer estas indicações subtis.

Em crianças saudáveis, o exercício leva a uma respiração profunda e à libertação dos pulmões das secreções, a fim de abrir as áreas pulmonares subjacentes. Crianças com PC são incapazes de se envolverem em hiperactividade, resultando em atelectasia, estando expostas a infecções e hipoxemia. A Fisioterapia Respiratória equilibrou o nível de danos respiratórios e a coordenação necessária quando existe alguma infecção respiratória.

- **Fraqueza muscular respiratória:**

Paralisia Cerebral apresenta distúrbio respiratório devido ao peito em forma de sino. Há fraqueza no músculo do diafragma, causando assim o risco de insuficiência respiratória. A sub-ventilação tende a acontecer durante a primeira fase do sono porque nestas fases os fracos músculos intervertebrais tornam-se ainda mais subjugados. Esta respiração na fase REM leva a uma decisão das vias respiratórias.

Idealmente, a partir dos níveis respiratórios poderíamos medir com precisão a capacidade vital e a inalação e exalação violentas. Praticamente, porém, é difícil porque as crianças, devido à sua idade, não colaboram. Há também uma fraca convergência oral devido à doença.

- **Kyphoscoliosis**

O tónus muscular anormal e a gravidade geram quifoscoliose em crianças com CP. A cifoscoliose causa um problema na parede torácica, função pulmonar e reduz a vantagem mecânica dos músculos respiratórios. Além disso, a escoliose resulta na expansão desigual do tórax e, consequentemente, na distribuição desigual do fluxo sanguíneo. A escoliose na PC pode progredir mesmo quando o desenvolvimento / crescimento da criança tiver parado.

- **Apneia do sono:** Os músculos faríngeos têm um papel vital na respiração (principalmente na parte superior do pulmão). Normalmente, o centro respiratório estimula a contracção dos músculos faríngeos, visando o endurecimento da faringe imediatamente antes da respiração diafragmática e da pressão negativa que é criada no seu interior, o que provoca o "colapso" do pulmão. Em crianças com PC, este mecanismo sofre porque o centro da respiração também sofre. A via aérea superior bloqueia a respiração e gera uma respiração ruidosa durante o dia, que se torna maior à noite.

- **Asma e Hiperactividade Brônquica:** Não há registos de que a PC produza asma, no entanto, muitas crianças que sofrem de paralisia cerebral apresentam asma. O diagnóstico diferencial é difícil e baseia-se na história familiar.

- **Nutrição e calorias:** Existe um problema nutricional na paralisia cerebral devido a distúrbios alimentares e GERD. Isto resulta em desnutrição dos músculos respiratórios, o que leva à atrofia, fraqueza, redução da função pulmonar e aumento da infecção bacteriana nas vias respiratórias (Seddon C.P, Khan Y., 2002).

Perturbações respiratórias que são dadas a conhecer:

1 Infecções recaídas, tais como pneumonia, asma e pneumonia por aspiração.

2 Respiração ruidosa (asma, pneumonia por aspiração com sibilância).

3 Tosse intensificada (asma, pneumonia por aspiração).

4 Incidentes Apnoe.

5 Insuficiência respiratória durante as IR menores (fraqueza dos músculos respiratórios, escoliose grave).

As medições respiratórias com instrumentos especiais como o fluxómetro e o espirómetro são difíceis de realizar em crianças com Paralisia Cerebral. No entanto, novas ferramentas com máscaras faciais e bocais personalizados podem ser úteis em cada medição (Seddon C.P., Khan Y., 2002).

7.4. Documentos de Investigação

Originalmente, Hutzler e os seus colegas em 1998 estudaram os efeitos do movimento e da natação na capacidade vital e nas capacidades de natação das crianças com PC, onde 46 crianças de 5-7 anos de idade participaram neste estudo. O programa era um curso de 6 meses envolvendo exercícios de movimento e de água, com o objectivo de melhorar a função respiratória e as capacidades de natação. As crianças foram divididas em 2 grupos. O grupo de intervenção exercia duas vezes por semana na água e no ginásio uma vez por semana, enquanto o grupo de auditoria estava a ser tratado por Bobath quatro vezes por semana. Para as necessidades do inquérito, foram realizadas medições respiratórias com um espirómetro antes e depois do curso em ambos os grupos. Os resultados mostraram que as crianças com CP reduziram a função respiratória em comparação com os seus níveis normais de idade. Além disso, nas crianças que participaram no grupo de intervenção, a capacidade vital aumentou 65% e no grupo de auditoria foi aumentada em 23%. Concluímos, portanto, que os programas de exercício e natação tiveram um melhor desempenho respiratório do que os programas de intervenção tradicionais para crianças com PC.

Pikham-Fragala Maria e os seus colegas em 2008 estudaram o efeito do exercício aeróbico na água em crianças com dificuldades. O estudo incluiu 20 crianças de 6 a 12 anos de idade com diagnóstico de autismo, paralisia cerebral, meningomielócitos e várias outras perturbações do desenvolvimento. O critério de entrada para o estudo era que as crianças tinham de caminhar independentemente com ou sem dispositivo, e não tinham sido submetidas a algum procedimento cirúrgico ou injecção de toxina botulínica antes do estudo. O curso era duas vezes por semana durante 14 semanas. A sessão durou cerca de 30-50 minutos, dos quais 3-5 minutos foram para o aquecimento, 20-30 minutos para o exercício aeróbico, 5-10 minutos para o alongamento e os últimos 3-5 minutos para a reabilitação. O ritmo cardíaco foi medido com um teste de marcha a meia milha, a força muscular medida com o dinamómetro, os batimentos cardíacos foram registados no ecrã, enquanto as capacidades motoras foram medidas com o teste M-PEDI e o teste Piso a Piso. Os resultados foram calculados de acordo com a análise ANOVA e a conclusão foi que neste programa de 14 semanas houve uma melhoria significativa na frequência cardíaca e resistência cardíaca, enquanto que não foram observadas diferenças significativas na força muscular e capacidades motoras.

Um ano mais tarde, em 2009, Retarekar e os seus colegas estudaram os efeitos da hidroterapia em crianças que sofrem de PC como um estudo de caso. Especificamente, uma rapariga de 5 anos de idade participou no estudo, sofrendo de diplegia espástica no nível 3 do GMFCS. Ela foi submetida a hidroterapia 3 vezes por semana durante 12 semanas. O programa incluiu 5 minutos de aquecimento, 30-40 minutos de exercício aeróbico em água e 5 minutos de arrefecimento. A medição do movimento do curso foi realizada com o teste de caminhada de 6 minutos. Os resultados mostraram que a força e a velocidade da rapariga aumentaram significativamente.

Dragos Adrian e os seus colegas realizaram em 2013 um estudo para avaliar o efeito da hidroterapia na capacidade vital, qualidade de vida e actividade física em crianças com CP. Neste estudo participaram 24 crianças que sofriam de paralisia cerebral entre os 10-12 anos de idade. O programa durou 6 meses e as crianças foram submetidas a hidroterapia duas vezes por semana durante 45 minutos. A avaliação da capacidade vital foi avaliada utilizando o espirómetro, enquanto a actividade física foi medida por actividades que variam em força, intensidade e frequência. Após o período de 6 meses de curso, foi observado um aumento da capacidade vital de 56,7% em comparação com os níveis originais. Consequentemente, o ambiente aquático da fisioterapia tem um impacto muito maior na função respiratória e na função vital do que os exercícios no solo.

8.PARTE ESPECIAL

8.1 Âmbito de aplicação

Este artigo visa estudar os efeitos da hidroterapia no sistema respiratório de crianças que sofrem de paralisia cerebral. O objectivo da investigação é reforçar a posição e contribuição da intervenção da água e do método Halliwick - método de hidroterapia - na função respiratória de crianças com paralisia cerebral e explorar a sua contribuição para uma abordagem terapêutica abrangente para estas crianças.

É um facto que nos últimos anos, as abordagens terapêuticas paralelas ganharam terreno, o que em combinação com o tratamento fisioterapêutico contribui para o reforço dos efeitos terapêuticos na intervenção precoce e posterior para crianças com paralisia cerebral.

Muitos estudos são conduzidos ao longo dos anos que relatam efeitos de hidroterapia no sistema músculo-esquelético de crianças com paralisia cerebral e ainda mais investigação tem sido feita de tempos a tempos relatando os efeitos no sistema respiratório de crianças com problemas como asma, fibrose cística, miopatias de escoliose. No entanto, poucos estudos foram realizados sobre os resultados da Hidroterapia no Sistema Respiratório de crianças que sofrem de paralisia cerebral (taxa respiratória, saturação de oxigénio, esforço expiratório, capacidade vital).

A filosofia da Halliwick é controlar a respiração, o equilíbrio e a liberdade de movimento. A primeira coisa que se aprende é a controlar a sua respiração. É dada ênfase à aprendizagem de como inalar e expirar pela boca e pelo nariz, bem como ao treino de respiração ritmada em vários padrões respiratórios, tais como a respiração torácica e diafragmática.

As crianças que sofrem de paralisia cerebral e seguem uma sessão de hidroterapia uma vez por semana participam neste estudo. A função respiratória será medida pelo espirómetro, medidor de fluxo e oxímetro. O formulário de avaliação SWIM da Associação Internacional Halliwick, que avalia o progresso da criança no controlo da respiração da água, será também preenchido. Finalmente, serão também preenchidos os formulários TESTE DE ORIENTAÇÃO DA ÁGUA ALYN 1 (WOTA1) e TESTE DE ORIENTAÇÃO DA ÁGUA ALYN2 (WOTA2). São formulários de avaliação baseados na filosofia Halliwick e relacionam-se com nadadores com limitações funcionais e cognitivas.

As formas de avaliação acima mencionadas baseiam-se na filisofia da Halliwick e dizem respeito aos nadadores com limitações funcionais e cognitivas. São traduzidas e ponderadas de acordo com a população grega (Chandolias & Co, 2016).

As medições que derivam destas ferramentas e avaliações de testes serão realizadas com uma diferença de dois meses entre elas, de modo a observar se há quaisquer alterações dentro deste período de tempo.

8.2. Metodologia

8.2.1 Participantes

Os pais estiveram presentes durante o tratamento e medição, enquanto também assinaram um formulário de consentimento dado pelo investigador.

10 crianças dos 5 aos 15 anos de idade com diagnóstico de paralisia cerebral participaram no estudo. Três em cada 10 crianças foram diagnosticadas com quadriplegia espástica, 1 criança com hipotonia, 2 com hemiplegia, e as restantes 4 tinham diplegia espástica. 5 em cada 10 crianças estavam a ser movidas pelas mãos dos seus pais ou num carrinho de bebé quando tinham de caminhar longas distâncias ao ar livre. As restantes 5 crianças andavam distâncias a pé e movimentavam-se nas áreas de forma independente. Vale a pena mencionar que 9 em cada 10 crianças praticaram a Hidroterapia Halliwick durante mais de 2 anos por terapeutas especialmente treinados. Apenas 1 criança iniciou a Hidroterapia pela primeira vez este ano durante o inquérito. Os pais estiveram presentes tanto durante o tratamento como durante as medições e também assinaram um formulário de consentimento dado pelo investigador.

8.2.2 Desenho

Os critérios de admissão foram para as crianças diagnosticadas com paralisia cerebral com idades compreendidas entre os 5 e os 18 anos que fizeram Hidroterapia. Foram excluídas do estudo as crianças que têm feito Hidroterapia mas que tinham planeado alguma cirurgia e que teriam falhado o seu horário de tratamento. Além disso, as crianças que não compareceram a várias sessões de tratamento durante a investigação também foram excluídas do processo de investigação. Finalmente, foram também excluídas as crianças que fizeram hidroterapia durante a hora de Verão. Na investigação, teve de haver um tempo de abstinência da hidroterapia durante pelo menos 2 meses, a fim de haver mudanças mensuráveis.

As crianças do inquérito participaram num programa de hidroterapia uma vez por semana durante 45 minutos durante um mês e foram submetidas a hidroterapia por terapeutas Halliwick especialmente treinados, um terapeuta para cada criança. As crianças que participaram no inquérito estavam familiarizadas com os seus terapeutas desde o início do programa. Para uma melhor execução do inquérito, a função respiratória foi medida pelo espirómetro, o fluxímetro e o oxímetro. Em particular, o volume de exacerbação no primeiro segundo (VEF1) e a sua relação (VEF1%) foram medidos com o espirómetro de Carefussion Pulmolife. Depois, a saturação de oxigénio (SPO2) e a frequência cardíaca (HR) foram medidas com o oxímetro GIMA OXY-4. Finalmente, o pico de fluxo expiratório (PEFR) foi medido com o medidor de fluxo Carefussion MicroPeak.

Além disso, foi preenchido o formulário de avaliação SWIM da Associação Internacional Halliwick que avalia o progresso da criança no controlo da respiração da água. Os formulários TESTE DE ORIENTAÇÃO DA ÁGUA ALYN 1 (WOTA1) e TESTE DE ORIENTAÇÃO DA ÁGUA ALYN2 (WOTA2) também foram preenchidos. Os formulários de avaliação acima referidos baseiam-se na filosofia de Halliwick e dizem respeito a nadadores com limitações funcionais e cognitivas (Handolia et al., 2016). As medições e a avaliação foram feitas duas vezes durante o inquérito. Uma medição e avaliação foi realizada no início do programa (pré-teste) e um pós-teste foi feito no final do programa de tratamento após dois meses.

8.2.3 Ferramentas de medição

8.2.3.1 Oxímetro

O oxímetro é um instrumento médico que mede a saturação de oxigénio no sangue. É pulsátil, o que significa que é colocado sobre uma superfície de pele "transparente" no corpo do paciente (geralmente nos dedos e no lóbulo da orelha). O oxímetro de pulso utiliza um feixe de luz que emite a dois comprimentos de onda. A quantidade de oxigénio é relatada como uma percentagem de oxigénio e é escrita como % SPO2, enquanto que na maioria dos dispositivos de oximetria de pulso a frequência cardíaca (FC) é medida simultaneamente. A medição de oxigénio com o oxímetro de pulso é uma medida fiável, mas não substitui a medição de gases sanguíneos de laboratório. Finalmente, vale a pena salientar que os níveis de SPO2 abaixo de 92% indicam hipoxemia (www.pneumonologoswebnode.gr, 2012)

O oxímetro GIMA OXY-4 que mediu simultaneamente o ritmo cardíaco e a saturação de oxigénio foi também utilizado no estudo.

8.2.3.2 Espirómetro

O espirómetro é uma ferramenta de medição que nos dá informações importantes sobre o estado dos pulmões do paciente. Em particular, pode também registar o volume de ar inalado e exalado pelo paciente ao longo do tempo.

A maioria dos espirómetros utiliza um conversor de turbina para medir volumes. Esta turbina gira à medida que a pessoa examinada inala ou exala no espirómetro e através desta rotação são criados pulsos de luz, dependendo do fluxo de ar. Os impulsos de luz são detectados e convertidos em medições de volume (www.medical.gr 2013).

Existem três tipos de espirómetros:

1. Espirómetro de mão: Estes espirómetros são uma opção económica e fácil de usar. Devido ao seu pequeno tamanho, é difícil registar o gráfico, pelo que também é difícil registar uma medição fiável.

2. Portátil com impressora incorporada: Efectuar todos os cálculos com um ecrã para registar diagramas e resultados, para que possamos avaliar se uma tentativa de exalação foi satisfatória ou não.

3. Baseado em computador: As representações gráficas podem ser exibidas através de software apropriado e calcular os valores esperados (www.medical.gr 2013).

O espirómetro portátil Carefusion Pulmolife foi utilizado neste estudo com orifícios pediátricos específicos. Medimos o volume expiratório forçado num segundo (FEV1) e a taxa de volume expiratório forçado por segundo (FEV1%). A medição do VEF1 é a medida do VEF que pode ser expirada pelo paciente ao máximo esforço dentro de um segundo. As crianças podem normalmente exalar mais de 90% da capacidade vital no primeiro segundo (Christara et al., 2014).

8.2.3.3 Medidor de fluxo

O caudalímetro é a ferramenta de medição que regista e calcula o pico de fluxo expiratório (PEFR). O fluxo expiratório máximo é expresso em unidades de L / min ou L / seg. A medição do fluxo é um teste fiável, uma vez que não inclui o primeiro quarto de expiração, que pode afectar as medições, uma vez que o paciente está a tentar fazer esforços extra para ganhar as forças de inércia na parede torácica para alcançar o crescimento. Finalmente, a medição do fluxo não inclui o último quarto da exalação, uma vez que pode causar broncoespasmo (www.respi-gam.net, 2012).

O caudalímetro de Carefusão MicroPeak com válvulas especiais resistentes às crianças foi utilizado no levantamento.

8.2.4. Avaliação

International O formulário de avaliação SWIM da Associação Halliwick que avalia a evolução da criança relativamente ao controlo da respiração na água foi completado no estudo. Foram também preenchidos os formulários TESTE DE ORIENTAÇÃO DA ÁGUA ALYN 1 (WOTA1) e TESTE DE ORIENTAÇÃO DA ÁGUA ALYN2 (WOTA2). Por favor, encontrar abaixo os formulários de avaliação de forma analítica.

NATAÇÃO - FICHA DE AVALIAÇÃO DE COMPETÊNCIAS EM PISCINAS

Nome do nadador_________________________ Nome do Avaliador____________

Por favor, note a pontuação ao lado da habilidade de nível que é notada durante a avaliação. As directrizes relativas aos critérios necessários para atingir uma competência estão incluídas no anexo, respectivamente.

Piscina - SKILLS LEVEL A - desenvolvimento da entrada na água

(Posição inicial: posição sentada ao lado da piscina. Pode ser dada ajuda no lado da piscina, se necessário para equilibrar na posição sentada)

DATA						
1.não pode entrar/é inseguro/ não foi medido	1	1	1	1	1	1
2. pode entrar com total apoio de grua/plataforma/instrutor	2	2	2	2	2	2
3. pode entrar com as mãos nos ombros do instrutor para apoio (as mãos do instrutor estão sobre o tronco	3	3	3	3	3	3
4.Pode entrar com as mãos nos cotovelos do instrutor para apoio	4	4	4	4	4	4
5. pode entrar com as mãos nas palmas das mãos do instrutor para apoio	5	5	5	5	5	5
6.Pode entrar de uma posição sentada independentemente, é necessária ajuda após entrar na água para adquirir uma posição estável	6	6	6	6	6	6
7.pode entrar em posição sentada com o assistente na água, não é necessária a ajuda de um instrutor	7	7	7	7	7	7

OBSERVAÇÕES ADICIONAIS

Piscina - SKILLS LEVEL B- desenvolvimento de ajuste na água

(O nadador é encorajado a equilibrar-se na posição de cadeira, pernas no fundo. Se possível, o nadador não pisa as pernas no fundo)

1.Não se pode adaptar à água/não medida	1	1	1	1	1	1
2.necessário o apoio total do instrutor	2	2	2	2	2	2
3.necessário contacto presencial com o instrutor	3	3	3	3	3	3
4.apoio de instrutor necessário	4	4	4	4	4	4
5.Pode mover-se entre dois instrutores	5	5	5	5	5	5
6.Pode mover-se em piscina sem ser segurado por instrutor, mas com instrutor ao seu lado	6	6	6	6	6	6
7.pode entrar na piscina sem a presença do instrutor	7	7	7	7	7	7

OBSERVAÇÕES ADICIONAIS

Piscina - NÍVEL DE HABILIDADES C- Desenvolvimento do controlo da respiração

1.Não é possível controlar a respiração/ habilidade não medida	1	1	1	1	1	1
2. pode soprar da mão do instrutor	2	2	2	2	2	2
3. pode soprar bolhas na superfície da água	3	3	3	3	3	3
4.Pode soprar com os lábios na água	4	4	4	4	4	4
5.Pode soprar os ovos das actividades aquáticas por uma distância de 5 - metros	5	5	5	5	5	5
6.Pode afundar os lábios e o nariz na água zumbindo com segurança	6	6	6	6	6	6
7.Pode ser afundado na água, mantendo os olhos abertos, tirar um objecto do zumbido do fundo	7	7	7	7	7	7

OBSERVAÇÕES ADICIONAIS

Konstantinos Chandolias PT, MSc, PhD Candidato

Fotos 8.2.4.1..: Formulário de avaliação do teste SWIM (Parte 1)

Piscina - SKILLS LEVEL D- Desenvolvimento do equilíbrio

1.Não é possível o equilíbrio em qualquer posição/ não foi medido*	1	1	1	1	1	1
2. Pode equilibrar-se em posição vertical, com o apoio do instrutor*.	2	2	2	2	2	2
3. Pode equilibrar-se em posição vertical, com o apoio do instrutor*.	3	3	3	3	3	3
4.Pode equilibrar-se na posição supina quando o apoio do instrutor é no tronco	4	4	4	4	4	4
5.Pode equilibrar-se em posição supina,	5	5	5	5	5	5
6.Pode fluir em posição supina sem qualquer turbulência	6	6	6	6	6	6
7.Pode passar um objecto a outra pessoa (passando com a mão na linha média) em supino sem apoio controlando a rotação	7	7	7	7	7	7

(*se o nadador for encorajado a equilibrar-se na posição de cadeira com pernas que não toquem no fundo, se possível, o nadador não toca no fundo com pernas)

OBSERVAÇÕES ADICIONAIS

Piscina - NÍVEL DE HABILIDADES E- desenvolvimento de rotação transversal para trás

(Níveis 1-5: a partir da posição de cadeira, ajuda a manter a posição de cadeira

1.não pode inclinar-se para trás na água/arrancar a rotação - não medida	1	1	1	1	1	1
2. pode inclinar-se para trás na água e permitir que os pés deixem o fundo da piscina, com o apoio do instrutor	2	2	2	2	2	2
3.Pode mover-se em posição flutuante supina com apoio total nas palmas pelo assistente no centro de balanço.	3	3	3	3	3	3
4.Pode mover-se em posição flutuante supina com apoio total em cima dos dedos pelo assistente no centro de balanço	4	4	4	4	4	4
5.Pode mover-se em posição flutuante supina por posição de cadeira sem ajuda	5	5	5	5	5	5
6.A partir de uma posição de flexão, em posição inclinada a soprar para a água pode retroceder com apoio	6	6	6	6	6	6
7. A partir de uma posição de flexão, em posição inclinada a soprar para a água pode retroceder sem apoio.	7	7	7	7	7	7

OBSERVAÇÕES ADICIONAIS

Piscina - SKILLS LEVEL F- desenvolvimento de rotação transversal para a frente

(Partindo da posição supina)

1. não pode levantar a cabeça para a frente, enquanto que na parte de trás - não medida	1	1	1	1	1	1
2. Pode levantar a cabeça para a frente, enquanto apoia	2	2	2	2	2	2
3. Pode elevar a cabeça e esticar as mãos para a frente, enquanto em apoio	3	3	3	3	3	3
4 Pode levantar a cabeça e esticar as mãos para a frente e também rodar quando em posição de cadeira, com ajuda*	4	4	4	4	4	4
5 Pode levantar a cabeça e esticar as mãos para a frente e também rodar quando está na posição de cadeira, sem ajuda*	5	5	5	5	5	5
6.Pode rodar para a frente da posição supina para a posição anterior sem tocar no fundo da piscina com apoio.	6	6	6	6	6	6
7. Pode rodar para a frente da posição supina para a posição anterior sem tocar no fundo da piscina sem apoio.	7	7	7	7	7	7

(* as pernas podem ser colocadas no fundo da piscina, quando perto da posição de cadeira)

OBSERVAÇÕES ADICIONAIS

Konstantinos Chandolias PT, MSc, PhD Candidato

Figura 8.2.4.2: Formulário de avaliação do teste SWIM (Parte 2)

Piscina - ROTUAÇÃO G-SAGITAL DE NÍVEL DE HABILITAÇÃO

(Posição original da cadeira, os pés podem tocar no fundo da piscina, verificar tudo em ambas as direcções - esquerda e direita)

1. não pode trazer a cabeça para a linha do meio quando se inclina para o lado - não medida	1	1	1	1	1	1
2. pode inclinar a cabeça para o lado, pondo a orelha sobre a água ao ser apoiada por um instrutor (capaz de fazer as duas direcções)	2	2	2	2	2	2
3. pode trazer a cabeça de volta à linha quando virar ao lado com apoio de instrutor	3	3	3	3	3	3
4.Pode alcançar o lado para tocar / agarrar uma esponja com apoio	4	4	4	4	4	4
5. Pode alcançar o lado para tocar / agarrar uma esponja sem apoio	5	5	5	5	5	5
6. Pode alcançar o lado para tocar / agarrar uma esponja e é capaz de voltar à posição vertical usando a cabeça e alcançar com a mão com o apoio do instrutor	6	6	6	6	6	6
7. Pode alcançar o lado para tocar / agarrar uma esponja e é capaz de voltar à posição vertical usando a cabeça e alcançar com a mão com o apoio do instrutor	7	7	7	7	7	7

OBSERVAÇÕES ADICIONAIS

Piscina - PISCINA H- EVOLUÇÃO DA ROTAÇÃO LONGITUDINAL

1. não pode estar em posição supina ou iniciar uma rotação - não medida	1	1	1	1	1	1
2. pode deitar-se em posição supina e virar a cabeça de um lado para o outro soprando na água com o apoio do instrutor	2	2	2	2	2	2
3. pode deitar-se em posição supina e cruzar a mão em linha média com o apoio do instrutor	3	3	3	3	3	3
4. Pode estar em posição supina e cruzar mãos e pés do mesmo lado em linha média com o apoio do instrutor	4	4	4	4	4	4
5. Pode ficar na posição supina, virar a cabeça, cruzar a mão e a perna sobre a linha média soprando na água com o apoio do instrutor	5	5	5	5	5	5
6.Pode rodar da posição supina para a posição prona com rotação longitudinal e apoio do assistente. O instrutor pode ajudar o nadador a recuperar a posição supina flutuante.	6	6	6	6	6	6
7.Pode fazer uma rotação longitudinal completa desde a flutuação supina até à flutuação supina sem ajuda de um assistente	7	7	7	7	7	7

Piscina - PISCINA DE HABILIDADES NÍVEL I- EVOLUÇÃO DA ROTAÇÃO COMBINADA

1.Não é possível iniciar a rotação combinada - não medida	1	1	1	1	1	1
2.Pode avançar de um assistente para o outro com apoio para completar a rotação combinada	2	2	2	2	2	2
3. Pode avançar de um assistente e voltar a flutuar com a ajuda de outro instrutor.	3	3	3	3	3	3
4.da posição de cadeira sem apoio, pode vir para a frente e para trás para a supinação flutuando em direcção a um assistente	4	4	4	4	4	4
5.Pode avançar deixando um assistente para voltar à posição supina e deslizar para outro assistente	5	5	5	5	5	5
6.Pode avançar através de uma coroa e voltar para a posição supina com a presença de um instrutor mas sem ajuda	6	6	6	6	6	6
7.Pode sair em turbulência e voltar a flutuar em supino sem ajuda	7	7	7	7	7	7

OBSERVAÇÕES ADICIONAIS

Konstantinos Chandolias PT, MSc, PhD Candidato

Figura 8.2.4.3: Formulário de avaliação do teste SWIM (Parte 3)

Piscina - PISCINA DE NÍVEL J- EVOLUÇÃO DAS HABILIDADES DE NAVEGAÇÃO

(A natação não deve ter uma técnica reconhecida)

1.não pode deslizar / realizar qualquer técnica de natação - não medida	1	1	1	1	1	1
2. pode empurrar e deslizar, em posição supinada e inclinada, durante 5 metros com o apoio do assistente	2	2	2	2	2	2
3.Pode nadar 5 metros usando movimentos de extremidades padrão com a ajuda do assistente	3	3	3	3	3	3
4. Pode nadar 5 metros usando movimentos de extremidades padrão sem a ajuda do assistente	4	4	4	4	4	4
5.Pode nadar 10 metros sem apoio	5	5	5	5	5	5
6. Pode nadar 10 metros e mudar de direcção com a ordem do instrutor	6	6	6	6	6	6
7. Pode nadar 10 metros e mudar de direcção por vontade própria	7	7	7	7	7	7

OBSERVAÇÕES ADICIONAIS

Piscina - NÍVEL K- EVOLUÇÃO DE SAÍDA DE HABILIDADES

1.não pode sair da piscina em segurança - não avaliado	1	1	1	1	1	1
2. pode sair da piscina com apoio total da grua e/ou do instrutor	2	2	2	2	2	2
3.Pode colocar as mãos na borda da piscina e saltar sendo apoiado nas ancas e pernas	3	3	3	3	3	3
4. Pode colocar as mãos na borda da piscina, saltar e rastejar para fora com apoio	4	4	4	4	4	4
5. Pode colocar as mãos na borda da piscina, saltar e rastejar para fora e virar-se da posição supina para propenso e sentar-se com apoio	5	5	5	5	5	5
6. Pode colocar as mãos na borda da piscina, saltar e rastejar para fora e virar-se da posição supina para propenso e sentar-se com apoio	6	6	6	6	6	6
7.Pode sair da borda da piscina em segurança sem apoio	7	7	7	7	7	7

OBSERVAÇÕES ADICIONAIS

TOTAL DE LUGAR							

Instruções complementares:

O nadador tem três tentativas para cada habilidade.

As competências podem ser praticamente apresentadas para nadadores que não podem seguir instruções orais.

Sugere-se que a avaliação deve ser feita por um líder de grupo licenciado pela IHA.

Konstantinos Chandolias PT, MSc, PhD Candidato

Figura 8.2.4.4: Formulário de avaliação do teste SWIM (Parte 4)

Wota 1 TESTE DE ORIENTAÇÃO DE ÁGUA ALYN 1

Avaliação aquática baseada no conceito Halliwick para nadadores com capacidades funcionais e cognitivas limitadas (Ruth Tirosh)

	Item	Grau
1	Ajuste Mental (Geral)	4.Entra no pool por vontade própria 3.Ligeiramente hesitante ou indiferente 2. Assustado, agarra-se ao instrutor, acalma-se de forma intermitente 1. Gritos, objectos
2	Entrar na piscina a partir da borda da piscina: (Sentado de frente para a água)	4. Independente (braços para a frente, cabeça a seguir) 3. O instrutor apoia apenas as mãos, sem flexionar o cotovelo 2. O instrutor apoia os antebraços/braços superiores, ou nas mãos mas os cotovelos são flexionados 1. Instrutor suporta o tronco
3	Saída da piscina da beira da piscina: (Segurando a borda da piscina sem estar de pé. Levantar o tronco com as mãos para cima, rodar sobre o tronco e sentar)	4. Independente, ele próprio se levanta e senta-se devidamente sem apoio 3. Sai da água rastejando, sem apoio, e senta-se com assistência 2. Imitados, saem rastejando com assistência (senta-se com/sem assistência) 1. Não inicia e/ou não actua devido a fraqueza
4	Sopro de bolhas na água	4. Sopra bolhas através do nariz 3. Sopra bolhas através da boca 2. Mergulha a boca em água mas não sopra bolhas e não inala água 1. Inala água ou objectos ou não inicia ou há contra-indicação para imergir a boca
5	Lado a flutuar com a ajuda do instrutor: O instrutor fica de frente para o nadador, segurando os lados do tronco superior. (Instrução: mergulhar o ouvido na água e deitar-se do seu lado)	4. Apoia os lados de: pelvis/waist/upper tronco - começa a flutuar (orelha é imersa) e regressa à posição vertical 3. A fraqueza não permite a iniciação de flutuar ou regressar, mas não se opõe a flutuar com total apoio 2. Objectos suaves, executa uma flexão lateral, o ouvido é imerso na água

		1. Objectos com força, executa flexão lateral e recusa-se a imergir o ouvido
6	Voltar a flutuar com a ajuda do instrutor: O instrutor fica de frente para o nadador, segurando os lados do tronco superior. Instrução: deite-se de costas.	4. Apoiar os lados de: pelvis/waist/upper tronco - inicia flutuando, relaxado, regressa à posição vertical 3. A fraqueza não permite a iniciação de flutuar ou regressar, mas não se opõe a flutuar com total apoio 2. Objectos suaves, orelhas imersas, não é relaxado e tenta levantar-se 1. Objectos forçosamente, não imergir os ouvidos, exes cabeça/pelvis/tronco (tenta levantar-se)
7	"salpicar" água	4. Com mãos e/ou pernas. Não recuar da água à volta do rosto 3. Salpica "cuidadosamente" e recuar da água à volta do face[SEP]2. Não salpica, não tem "toque" para o water[SEP]1. Não é capaz de realizar
8	a submergir: Cabeça ou face submersa na água.	4. Recupera o objecto submergindo o corpo da profundidade do peito (com ou sem o apoio do instrutor) e sobe por si mesmo 3. Inicia a submersão da face, controla a respiração, permanece na água sem suporte durante um curto período de tempo (1-2 segundos) 2. Não se opõe a aproximar a sua face da água ou inicia a submersão da face, controlo respiratório inadequado 1. Objectos para aproximar a face da água e/ou há contra-indicação para a submersão da cabeça na água
9	"braço curto ou longo": Manutenção da posição vertical durante 10 segundos.	4. Sim, com apoio sob as mãos, braços direitos para a frente ou para os lados 3. Sim, com apoio sob os antebraços e mãos ou apoio das mãos, mas os cotovelos são flexionados 2. Sim, com apoio sob braço inteiro 1. Não, flacidez de ombros e/ou falta de controlo da cabeça e/ou receio de desengajamento
10	Progressão ao longo da borda da piscina usando as mãos: Os pés não tocam no chão. Movimenta-se ao longo da parede um metro e meio.	4. Sim, sem apoio 3. Sim, com ajuda no ini a oni a com as mãos ou com o apoio do tronco. Agarra-se à borda sem apoio 2. Sim, com ajuda na iniciação com as mãos ou com o apoio do tronco. Não se agarra à borda sem apoio

		1. Não inicia movimento ou se afasta da parede
11	em pé/pararar na água: Ao nível do peito.	4. Em pé/caminhada por tempo indeterminado (com supervisão) 3. Em pé/caminhada durante cerca de 10 segundos, depois falls[SEP]2. Com apoio de carril e/ou apoio de instrutor nas mãos 1. Com apoio de instrutor no tronco ou não pode ficar de pé
12	Corda de retenção: Água ao nível do peito.	4. Avança um metro por movimento recíproco de mão sobre mão ou de lado 3. Segura-se com ambas as mãos durante a oscilação - 10 segundos. Posição flutuante de costas/ posição vertical 2. Requer apoio lateral do tronco durante a oscilação - 10 segundos 1. Não segura a corda: incapaz e/ou não inicia
13	Sentado na água: Na coxa do instrutor, queixo na água, 10 segundos.	4. Requer um apoio suave em pelvis[SEP]3. Requer apoio ligeiro em torno de waist[SEP]2. Requer apoio ligeiro nos lados superiores do tronco 1. Recusa-se a desengatar, agarra-se ao instrutor ou requer apoio total nos lados superiores do tronco

Nome do nadador Diagnóstico Data de nascimento

Nome do construtor Data Pontuação total em %

Figura 8.2.4.5: Formulário de Avaliação WOTA1 (parte 1) & Figura 8.2.4.6: Formulário de avaliação WOTA 1 (parte 2)

WOTA 2 TESTE DE ORIENTAÇÃO DA ÁGUA LYN 2

Avaliação aquática baseada no conceito Halliwick (Ruth Tirosh)

A/A	Orientação básica	Comentários
1A	Ajuste geral à água	
1B	Sopro de bolhas através da boca (mais de 5 seg.) (MA)	
3B	Soprar bolhas pelo nariz (mais de 5 seg.) (MA)	
4B	Sopro de bolhas com a cabeça imersa (mais de 5 seg.) (MA)	
5B	Expiração rítmica em movimento (10 vezes) (MA)	
6B	Expiração alternada, nariz e boca (3 ciclos) (MA)	
7C	Entrada na água (sentar-se no convés, braços & cabeça de chumbo) (MA)	
8C	Sair da água (empurrar o corpo para o convés, rodar o corpo para se sentar) (MA)	
9C	Sentado na água (posição da caixa, durante 20 seg.) (MA) (BIS)	
10C	Movendo-se ao longo da barra lateral da piscina usando as mãos (3 m') (MA)	
11C	Andar na piscina (6 m') (MA)	
12C	Saltar para a frente (6 m') (MA)	
13C	Saltar e abaixar para dentro e para fora (5 vezes)(MA)	

A/A	Habilidades
14C	Mudar de posição de pé para trás a flutuar (TR)
15C	Flutuação traseira estática durante 5 seg' (orelhas na água, braços e pernas estendidos, boca e nariz fora de água) (BIS)
16C	Mudar de posição de costas flutuantes para de pé (TR)
17C	Deslizar de parede para terapeuta (face em,5 seg.) (BIS)

18C	Mudar de posição de flutuante propenso para de pé (TR)
19C	Rotação Longitudinal Direita (mudar de posição de costas para propenso a flutuação traseira) (LR)
20C	Rotação Longitudinal Esquerda (mudar de posição de costas para trás para trás) flutuar) (LR)
21C	Rotação combinada (mudar de posição de pé ou sentado no convés para propenso e podre longo. no verso) (CR)
2	Rotação combinada (mudar de posição de trás para a posição de pé) (CR)
0	Mergulho (tocar o fundo da piscina com ambos os braços, começar ao nível da água do peito) (para cima)
1	Progressão simples nas costas (usando apenas armas, pequenos movimentos de e para o corpo) (SP)
0	Freestyle
1	Retrocesso
3	Pincelada de peito
Pontuação em %	Ajustar a pontuação (se necessário)

	A pontuação máxima pode obter	Soma da pontuação / Percentil da pontuação após o ajuste.	

Figura 8.2.4.7: Formulário de Avaliação WOTA 2 (Parte 1)

Konstantinos Chandolias PT, MSc, PHd Candidato

Área	Elemento	Classificação da avaliação
A	1	**0** Assustado / Chorando / Negando **1** Indiferença **2** Hesitação ligeira, algumas actividades aquáticas são divertidas (não abrir os olhos na água, dificuldade em deixar ir) **3** Feliz, calma (abre os olhos na água, pode soltar o instrutor)
B	2-6	**X** Não pode ser avaliado **0** Não pode executar ou parece capaz mas não cooperativo **1** Má execução **2** Execução moderada **3** Alta execução
C	7-23	**X** Não pode ser avaliado

		0 Não pode executar ou parece capaz mas não cooperativo **1** Executa com total apoio de instrutor **2** Executa com algum apoio de instrutor **3** Independente, executa sem apoio de instrutor. Deve sempre notar nos comentários se o nadador necessita de acompanhamento atento.
D	24-27	**X** Não pode ser avaliado **0** Não pode executar ou parece capaz mas não cooperativo **1** Nadar a 20m de distância com 3 a 7 paragens de descanso no meio. **2** Nadadeiras a 20m de distância com 1 a 2 paragens de descanso no meio. **3** Nadar a 20m de distância, sem paragens para descanso no meio. Deve-se sempre notar nos comentários se o nadador necessita de um acompanhamento atento.

Nome do nadador .... Data de nascimento
....

Nome do examinador ....Data do exame

Diagnóstico ....

Konstantinos Chandolias PT, MSc, PHd Candidato

Figura 8.2.4.8: Formulário de Avaliação WOTA 2 (Parte 2)

8.3 RESULTADOS

A análise estatística foi baseada no SPSS 16 utilizando o teste t pareado e mostrou um resultado estatisticamente significativo nas medições pré e pós-tratamento. Na análise final, 8 em cada 10 crianças do programa de intervenção foram incluídas. Antes da intervenção, as medições mostraram que a pontuação média da frequência cardíaca foi 93,87 (HRpre = 93,87), a saturação periférica de oxigénio foi 93,25 (SPO2pre = 93,25), o pico médio do fluxo expiratório foi 103,75 (PEFRpre = 103,75), o volume médio máximo de ar expiratório num segundo foi 22,75 (FEV1pre = 22,75) enquanto que o volume médio de ar expiratório forçado por segundo foi 0 , 86 (FEV1Ppre = 0,86). (Tabela 8.3.1)

Após as medições de intervenção terem mostrado uma alteração, a frequência cardíaca média foi de 120,25 (HRpost = 120,25), a saturação média de oxigénio foi de 97,12 (SPO2post = 97,12), c pico médio do fluxo expiratório foi de 131,25 (PEFRpost = 131,25), o pico médio do fluxo expiratório foi de (FEV1post = 24.75), e a percentagem do volume expiratório máximo no primeiro segundo foi de 0,96 (VEF1Póst = 24,75), e o volume expiratório máximo no primeiro segundo foi de 0,96 (VEF1Póst = 0,96). A análise mostrou que a frequência cardíaca (FC) e a saturação de oxigénio (SPO2) parecem ter uma fraca correlação mas não são estatisticamente significativas, enquanto que a correlação entre o pico de fluxo expiratório (PEFR), o pico de volume expiratório no primeiro segundo (VEF1) e a taxa desta expiração por segundo (VEF1%) é forte e estatisticamente significativa (Tabela 8.3.2).

Em resumo, a análise estatística mostrou que a intervenção produziu resultados estatisticamente significativos. Mais especificamente, na frequência cardíaca (FC), o índice t (7) = 3,550 com p <0,05, na saturação de oxigénio (SPO2) o índice t (7) = 2,832 com p <0,05 no fluxo máximo expiratório (PEFR) o índice t (7) = 4,158 com p <0,05, a percentagem do volume expiratório máximo no primeiro segundo (VEF1%) o índice t (7) = 2,427 com p <0,05, enquanto no volume expiratório máximo no primeiro segundo (VEF1) não houve resultado estatisticamente significativo, como t (7) = 2,075 com p = 0,77 (Tabela 8.3.3).

Estatísticas de amostras pareadas

		Média	N	Std. Desvio	Média de Erro Std.
Par 1	HRpre	93,8750	8	24,58477	8,69203
	HRpost	120,2500	8	13,54094	4,78745
Par 2	SPO2pre	93,2500	8	3,84522	1,35949
	SPO2post	97,1250	8	1,35620	,47949
Par 3	PEFRpre	103,7500	8	45,09910	15,94494
	PEFRpost	13ʹ,2500	8	60,75419	21,47985
Par 4	FEV1pre	22,7500	8	15,10676	5,34105
	FEV1post	24,7500	8	14,20010	5,02049
Par 5	FEV1Ppre	,8675	8	,53240	,18823
	FEV1Posto	,9638	8	,56032	,19810

Quadro 8.3.1: Resultados da análise estatística

Correlações de amostras pareadas

		N	Correlação	Sig.
Par 1	HRpre & HRpost	8	,520	,187
Par 2	SPO2pre & SPO2post	8	,158	,710
Par 3	PEFRpre & PEFRpost	8	,981	,000
Par 4	FEV1pre & FEV1post	8	,985	,000
Par 5	FEV1Ppre & FEV1Ppost	8	,978	,000

Quadro 8.3.2: Resultados da Análise Estatística

Paired Samples Test

		Paired Differences							
					95% Confidence Interval of the Difference				
		Mean	Std. Deviation	Std. Error Mean	Lower	Upper	t	df	Sig. (2-tailed)
Pair 1	HRpre - HRpost	-26,37500	21,01658	7,43048	-43,94530	-8,80470	-3,550	7	,009
Pair 2	SPO2pre - SPO2post	-3,87500	3,87068	1,36849	-7,11097	-,63903	-2,832	7	,025
Pair 3	PEFRpre - PEFRpost	-27,50000	18,70829	6,61438	-43,14052	-11,85948	-4,158	7	,004
Pair 4	FEV1pre - FEV1post	-2,00000	2,72554	,96362	-4,27861	,27861	-2,075	7	,077
Pair 5	FEV1Ppre - FEV1Ppost	-,10125	,11801	,04172	-,19991	-,00259	-2,427	7	,046

Tabela 8.3.3: Resultados da análise estatística

Relativamente ao formulário de avaliação SWIM da Associação Internacional Halliwick, não houve alterações no controlo da respiração das crianças na água durante um mês do programa de intervenção. Além disso, nos formulários WOTA1 e WOTA2 não se registou qualquer alteração. É de notar que as crianças com paralisia cerebral grave tiveram menos pontuação nas formas acima mencionadas, pois tiveram dificuldade em coordenar a sua respiração (inalação-exalação). Finalmente, todas as crianças da investigação tiveram dificuldade em obter uma respiração rítmica.

8.4 DEBATE

No inquérito em curso, 8 em cada 10 crianças participaram na análise estatística. As duas crianças foram excluídas do inquérito uma vez que uma criança mostrou uma reacção alérgica à água, enquanto que a segunda criança não conseguiu trabalhar eficazmente.

Os resultados mostraram resultados estatisticamente significativos em frequência cardíaca (HR), saturação de oxigénio (SPO2), fluxo expiratório violento (PEFR) e pico de volume expiratório no primeiro segundo (FEV1%). Os resultados da nossa investigação parecem concordar com outros investigadores como uma referência ao efeito da hidroterapia no sistema respiratório, tal como demonstrado na literatura internacional.

Hutzler e os seus colegas em 1998 estudaram os efeitos do movimento e da natação na capacidade vital e nas capacidades de natação das crianças com paralisia cerebral e concluíram que os programas de exercício e natação tinham melhor desempenho respiratório do que os programas clássicos de intervenção para crianças com paralisia cerebral.

Além disso, Pikham-Fragala Maria e os seus colegas em 2008 estudaram o efeito do exercício aeróbico na água em crianças com dificuldades e chegaram à conclusão da melhoria significativa no ritmo cardíaco e na resistência cardíaca

Um ano mais tarde, em 2009, Retarekar e os seus colegas estudaram os efeitos da hidroterapia em crianças com paralisia cerebral, mas debateram sobre um estudo de caso. Especificamente, uma menina de 5 anos de idade participou no estudo com um diagnóstico de diplegia espástica de nível 3 GMFCS.

Os resultados mostraram que a força e a velocidade da rapariga aumentaram significativamente.

Dragos Adrian e os seus colegas realizaram em 2013 um estudo sobre o efeito da hidroterapia na capacidade vital, qualidade de vida e actividade física em crianças com CP. Após a intervenção de 6 meses, foi observado um aumento da capacidade vital em 56,7% dos preços iniciais.

Assim, parece, pelos estudos de investigação limitados que existem até agora, que os investigadores concordam com a nossa própria investigação; ou seja, o ambiente aquático afecta significativamente a função respiratória em relação aos exercícios no solo.

Em conclusão, a hidroterapia pode ter efeitos positivos no sistema respiratório de crianças com paralisia cerebral, em combinação com a fisioterapia clássica.

8.5 Recomendações

Com base nos resultados acima referidos, sugere-se a sua utilização:

- Integração de crianças com paralisia cerebral também a um programa de hidroterapia.

- Recomendação de monitorizar a função cardio-respiratória das crianças a intervalos regulares.

- Informar a equipa terapêutica científica sobre a utilidade da reabilitação da água no sistema respiratório de crianças com paralisia cerebral.

Seria melhor para a comunidade científica realizar mais investigação com uma amostra maior de população e por um período de tempo mais longo. Salienta-se que a hidroterapia deve ser feita por terapeutas devidamente formados e que toda a equipa científica deve trabalhar em conjunto para o melhor tratamento.

O presente estudo visa preencher uma lacuna nas bases de dados sobre o efeito da hidroterapia no sistema respiratório de crianças com paralisia cerebral e a sua função cardiopulmonar.

Estudos futuros poderão ter de focar o interesse dos investigadores na avaliação composta dos parâmetros dos factores respiratórios individuais, investigando a sua variabilidade por sexo, idade, nível de GMFCS a curto e longo prazo

9. Bibliografia

- Bax Martin, Brown Keith, The Specrtum of Disorders that comprise Cerebral Palsy, Treatment of motor disorders in Children with cerebral palsy, Parisianos Scientific Publications, 2009:9-14

- Blair Eve, Stanley Fiona, Issues in the Classification and Epidemiology of Cerebral Palsy. Artigo nas Revisões sobre Retardamento Mental e Deficiências de Desenvolvimento, Janeiro de 1997: 1-2. Developmental Medicine and Child Neurology, 2005:838-842

- Dragos Adrian, Emese Agnes, Beng Ileana, Effects Of An Aquatic Therapy Program On Vital Capacity, Quality Of Life And Physical Activity Index In Children With Cerebral Palsy, Human And Veterinary Medicine, 2013, Vol. 5, Issue 3: 117-124.

- Ersoz Murat, Selcuk Barin, Gunduz Ramazan. Kurtaran Aydan, Akyz Mufit, Decreased Chest Mobility in Children With Spastic Cerebral Palsy, The Turkish Journal Of Pediatrics, 2006, 48:344-350

- Frazen Kathleen, Tryniszewski Priscilla, Effectiveness of Aquatic Therapy for Children with Neurodevelopmental Disorders: A Systematic Review of Current Literature, Maio de 2013: 1-22

- Grosse J. Susan, Water Freedom For All: The Halliwick Method, International Journal Of Aquatic Research And Education, 2010

- Associação Halliwick da Grécia Terapia Halliwick (www.halliwick.org.gr, 2016)

- Hutzler Yeshayahu, Chacham Anat, Bergman Uri, Effects of a movement and swimming program or vital capacity and water orientation skills of children with cerebral paralsy, Neurodevelopmental Medicine and Child Neurology, 1998: 176-181

- Jorgic Bojan, Dimitrijevic Lidija, Lambeck Johan, Aleksandrovic Marko, Okicic Tomislav e Madic Dejan, Efeitos dos programas aquáticos em crianças e adolescentes com paralisia cerebral: Systematic review, Sport science 5, 2012: 49-56

- Kelly Michelle, Darrah Johanna, Exercício aquático para crianças com Paralisia Cerebral, Medicina do Desenvolvimento e Neurologia Infantil 2005, 47: 838-842

- Park Sook Eun, Park Hyun Jung, Rha Wook Dong, Park IL Chang, Park Woo Change, Comparação da relação entre a parede torácica superior e inferior em crianças com paralisia cerebral quadriplégica espástica e normalmente crianças em desenvolvimento, Yonsei Medical Journal, 2006, Volume 47, No 2:237-242

- Pickham- Fragala Maria, Haley M. Stephen, O'Neil E. Margaret, Group Aquatic Aerobic Exercise For Children With Disabilities, Developmental Medicine And Child Neurology, 2008, 50: 822-827.

- Retarekar Runzun, Pinkham- Fragala A. Maria, Townsend E.Elise, Effects Of Aquatic Aerobic Exercise For A Child With Cerebral Palsy: Single- Subject Design, Pediatrics Of The American Physical Therapy Association, 2009:336-344.

- Rosenbaum L.Peter, Jacobson Bo, Domino Diane, Proposta de definição e classificação da paralisia cerebral, Abril de 2005- Introdução. Artigo em Medicina do Desenvolvimento e Neurologia Infantil, Agosto de 2005: 571

- Organização Mundial da Saúde: www.who.int (17/07/2004)

- www.medical.gr , Espirometria - Explicação e Análise, 8/7/2013

- www.pneumonologoswebnode.gr, 2012

- www.respi-gam.net, 2012

- Aggelopoulou - Sakantami N. Sistema Nervoso. Aggelopoulou - Sakantami N. Special Needs Education: developmental disorders and chronic minorities, University of Mecedonia publications, Thessaloniki, 2004:195-220.

- Verretas D, Voulgaris P. Kapetanios G. , Korres D., Lampiris H., Mperis a, Paxinos O., Soukakos P., Paralisia Cerebral, Ortopedia e Traumatismos Moderb, Apley's, Capítulo 10 Doenças Neuromusculares (Parte 1: Ortopedia Geral), Edições Médicas P. Ch. Paschalides, Atenas, 2007:250-258.

- Paralisia Cerebral Grécia Porta Aberta, O que é a Paralisia Cerebral, Diagnóstico de Paralisia Cerebral: http://www.eps-ath.gr, 2014

- Koutsouki D. Paralisia cerebral. Em Koutouki D. Educação para necessidades especiais: Theroty and practice, 3rd edition,Athens, 2008: 133-147.

- Panteliades P. Christos, Pavlou Evangelos, Syrigou - Papavasiliou Antigoni, CP acompanhando doenças, Neurologia Paresia Cerebral - Ortopedia - Abordagem Psicossocial, 3rd Edition, Thessaloniki, 2010:79-93

- Panteliades P. Christos, Syrigou - Papavasiliou Antigoni, Definição, Neurologia Paresia Cerebral - Ortopedia - Abordagem Psicossocial, 3rd Edition, Thessaloniki, 2010: 9-10

- Panteliades P. Christos, Frequência - Epidemiologia, Neurologia Paresia Cerebral - Abordagem Ortopédico- Psicossocial, 3rd Edition, Thessaloniki, 2010:16-18

- Pavlidou Efterpi, Panteliadis Christos, Paralisia Cerebral desde os tempos antigos até aos nossos dias, Neurologia de Paresia Cerebral - Ortopedia - Abordagem Psicossocial, 3rd Edition, Thessaloniki, 2010:11-15

- Vasilis Skoutelis, a evolução da filosofia Halliwick no ensino da natação através da abordagem hidrofisioterapia: Effects in motor function in disabled children (part 1 and 2), Scientific Journal of Physiotherapy National Recognition, publicado por Hellenic Physiotherapy, Vol. 17, Parte 2, Abril- Maio- Junho de 2014: 15-23.

- Konstantinos Chandolias, Athanasios Tsiokanos, Elisavet - Andriana Konstantinidou, Cred bility Check WOTA 1&2, teste de avaliação da água baseado na filosofia Halliwick em crianças que sofrem de paralisia cerebral, Developmental - Social Pediatric - Adolescent Medicine, 53rd Conferência Pediátrica Helénica 29-31 de Maio de 2016, Palácio Makedonia, Salónica

- Christara - Papadopoulou Alexandra, Athena Georgiadou Ourania Papadopoulou, Testes Laboratoriais, Fisioterapia em Peadiatria, Salónica 2014: 103.